# スターバックスの
# 感動サービスの秘密

荒田雅之

ぱる出版

# まえがき

長らく続く景気の低迷、デフレスパイラル、人材の流動化、人材不足……さまざまな要因によって大きな打撃を受けているのが外食・サービス業界といえます。

価格破壊、低価格競争への参画も、窮余の一策としてはいたしかたないことかもしれません。しかし、こうした施策も持久戦を強いられては疲弊していくばかりです。

そうしたなかで、低価格競争には参加せず、確固としたブランディング戦略のもと、一杯のコーヒーを「日用品のブランド」に高め、高品質のコーヒーを高いホスピタリティと共に提供し続けているのがスターバックスです。

なぜ、スターバックスではこうした戦略展開が可能なのか??

いろいろ調べていくと、社員、パート、アルバイトに等しく用意されている卓越した人材教育システム、現場である店舗主導の経営姿勢がこうした戦略推進のコアとなっていることがわかってきました。

本書ではｐａｒｔ１でスターバックスの卓越した人材教育の哲学とこれを実践するシ

ステムを解説。ｐａｒｔ2では、スターバックスの店舗がパートナーと呼ばれる従業員スタッフによってどのように運営されているか、サードプレイスと呼ばれる店舗はどのような考えの下、設計されているかを紹介しています。

ｐａｒｔ3ではスターバックスの日本進出成功の経緯を、ｐａｒｔ4ではスターバックスの高価格戦略を支えるブランディング戦略を解説しています。そしてｐａｒｔ5では企業としての環境・社会貢献の姿勢を紹介しています。最後のｐａｒｔ6ではコーヒーブレイクとしてスターバックスのさまざまなエピソードを採り上げました。

もちろん、スターバックスの実践例を即、自社に採り入れることは難しいでしょう。しかし、そのエッセンスを一つの処方箋として活かすことは可能ではないでしょうか。

本書執筆にあたっては数多あるスターバックスについて描かれた書籍、ムック、新聞・雑誌記事や関連するホームページを参考にさせていただきました。引用文献については本文中に記載し、最後にも参考文献・資料としてまとめて掲載しております。末尾となりましたが、深く感謝申し上げます。

著　者

# スターバックスの感動サービスの秘密●もくじ

《世界一のコーヒーショップの〝おもてなし術〟》

## part 1 なぜスターバックスの店員は心に響くサービスができるのか

part 2

## なぜスターバックスは“癒やし”の環境を作り出せるのか



part 3

## スターバックスはなぜ日本で受け入れられたのか

## part 4
## スターバックスはなぜ高くても売れるのか

## part 5 スターバックスはなぜ早くから環境・社会貢献に取り組んできたのか

★★
part 6

## スターバックスがもっと好きになる“スターバックス・トリビア”!

*part* 1

# なぜスターバックスの店員は心に響くサービスができるのか

――身近にあった幸せ体験カフェ――

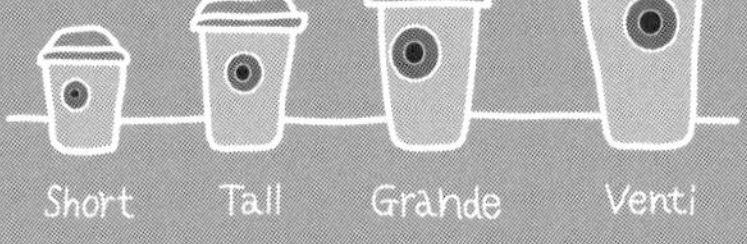

## マニュアルがないから、ホスピタリティが高くなる

いくつかのスターバックスに行って驚いた経験はありませんか。

それは、通り一辺倒な、同じ接客サービスがないということ。

例えば、スターバックスには飲み物のサイズを示す言葉として「ショート」「トール」「グランデ」「ベンティ」があります。

初めてスターバックスを訪れた人や年配の方が、飲み物を決めた後に、いきなりサイズを示すそんなカタカナ言葉を投げかけられたら、「自分が来るべき店じゃなかった」なんて思ってしまうかもしれません。


しかし、スターバックスの接客は違います。


ある店では「小・中・大があります」と言い換えていたり、実際に使うカップを取り出して見せて、サイズをお客さんに説明していたりします。

それはすべてパートナー（スターバックスで働く社員、パート・アルバイト、役職者を等しくそう呼ぶ）と呼ばれるスタッフによるその場の判断での応対なのだそうです。

サービスのスピード化・効率化を求める余り、お客さんにとって耳慣れない隠語《いんご》や耳障りな符牒《ふちょう》が注文カウンターやレジ、キッチン内に安易に飛び交うお店とは明らかに異なる光景でしょう。

こんなこともあります。

店内に入った年配の方が、注文の仕方がわからずに、喫茶店のように席に座ってオーダーを取りに来るのを待っています——。

そんなときはスタッフが声をかけに行き、お店のシステムを笑顔でていねいにわかりやすく教えます。ちょっと変わった注文の仕方を、初めは面倒に思っていたお客も、バーカウンターで行う注文のやりとりに慣れ、いつしか楽しくなって、常連になってしまったりして。

〝優しい人がいる緑の看板の珈琲店〟なんてその常連客には呼ばれていたりもするのです。

そうしてこの店はその人にとって行きつけのスターバックス、「マイスターバックス」という特別な居場所となるのです——。

## スターバックスの接客サービス・5つのルール

よく「スターバックスには、接客マニュアルがない」といわれます。

これはある意味で正しく、ある意味で正しくありません。

というのも、パートナーには**グリーンエプロンブック**と呼ばれる、スターバックスが、何を大切にしているかを示した信条（クレド）を示した手帳が配られているからです。

このグリーンエプロンブックに書かれている信条は実にシンプル。

**歓迎する**（BE WELCOME）
**心を込めて**（BE GENUINE）
**豊富な知識を蓄える**（BE KNOWLEDGE）
**思いやりを持つ**（BE CONSIDERATE）
**参加する**（BE INVOLVED）

★歓迎する
★心を込めて
★豊富な知識を蓄える
★思いやりを持つ
★参加する

マニュアルとは明らかに異なる、簡潔に5つの価値観を表すキーワードが、イラストと共に手帳に記されています。パートナーには、その短い言葉の持つ意味を考えながら、日々の仕事に活かしていくことが求められているのです。

　これから述べるのは、この5つのキーワードについて、スターバックスのパートナーたちが、自分なりに考えて、行動した一部です。

**歓迎する（BE WELCOME）**とは、お客様がリピーターとなって、繰り返し、来店したくなるような関係性をつくることです。

スターバックスではお客さんの名前や好みのドリンクを覚え、さりげなく声をかける

スタッフがいたりします

「○○さん、お久しぶりです。いつものドリンクでよろしいですか?」なんていわれたら、お客さんという、その他大勢ではなく、自分という人間を覚えていてくれる、自分は歓迎されているんだと思うに違いありません。

**心を込めて(BE GENUINE)**とは、お客様との結びつきをつくり、お客様を知り、お客様の要望に応えることです。

これはアメリカのスターバックスでの話『スターバックス5つの成功法則と「グリーンエプロンブック」の精神』ジョゼフ・ミケーリ著(ブックマン社)より」。

悲しげにふさぎこんだ表情をして来店した女性客がいました。彼女は初めての来店らしく、メニューに戸惑いながら、普通のコーヒーを注文しました。

この様子を見たスタッフは別に人気の飲み物・トフィーナッツラテを勧めたのです。「ぜひお試しください、御代はいりませんから」と。

するとお客さんは表情を和らげ、喜んだ表情を見せて、トフィーナッツラテを飲み、帰ったそうです。

数日後、その店に「あなたたちは命の恩人」というメッセージ付きの花が届きました。

「あの日、とても辛いことがあったのですが、店に来て少し幸せな気持ちになり、前向きになることができて、懸案の問題も解決できました」とのことでした。

少し甘いトフィーナッツラテが元気づけたのか、お客さんの様子を気遣い、サービスをした心配りに感動したのか、定かではありません。

その女性客は当然のごとく、その店の常連客となったといいます。

**豊富な知識を蓄える**（**BE KNOWLEDGE**）とは、コーヒーや顧客サービスの専門家として、仕事を愛し、得た知識や付加価値をお客様と共有することです。

スターバックス発の数ある商品、例えばコーヒーのフレーバー（香り）の微妙な違いや魅力をお客様に話すことで、スターバックスのバリスタ（イタリアでコーヒーを淹《い》れる人の意）はコーヒーに関するアドバイザーとして信頼が得られるようになります。

お客様がコーヒーに詳しい消費者となることで新たな要望が生まれ、さらなる付加価値提供の機会が生まれるのです。

**思いやりを持つ**（**BE CONSIDERATE**）とは、単に礼儀正しくすることではなく、お客様の要望に耳を傾け、お客様と自分の相互が幸せになれるように行動することです。

例えば地球環境に配慮した代替エネルギーや再生利用可能なエネルギーの使用、小さなコーヒー農園の労働環境の向上などの支援につながるフェアトレード認証コーヒーの採用などもこれに含まれます。

**参加する（BE INVOLVED）**とは、店舗運営や企業経営、地域社会に主体的に関わろうとすることです。

聴覚に障害のあるお客様が、定期的に訪れるある店舗では、そのことに気づいたバリスタが手話教室に通い、それがきっかけで、聴覚障害者が過ごしやすい店として評判になったこともありました。

企業経営においても例えば商品開発では、パートナーたちからの意見やアイデアは積極的に取り入れています。

コーヒージェリーフラペチーノは日本のスターバックスのパートナーがオリジナル商品として開発。

その後、その評判は海を越えて広まり、アジア・太平洋地区で絶賛を博しました。

また地域社会への参加についても、スターバックスでは、パートナーたちの自主的な地域社会活動を支援しています。

例えば毎年行われる「阪神淡路大震災1・17のつどい」ではパートナーの有志が自主的にボランティアとして参加。

震災の時刻5時46分とその12時間後の17時46分に集まられた方々に暖かいコーヒーをお配りし、その準備、配布、後片づけなどの役割を担っています。

グリーンエプロンブックに書かれた5つのキーワードが示す信条を、パートナーたちは思い思いに実践しているのです。

## 目標が明確だからホスピタリティを発揮できる

冒頭のサイズの話に戻ります。

マニュアル的な応対で「サイズはショート、トール、グランデが、ございますが……」と言われて、言葉の意味はわかっても、初めての来店だったら、具体的な量まではわからないでしょう。

戸惑うお客さんの様子を伺い、お客さんの立場で、お客さんの目線に立ってわかりやすく応えること。それが「小・中・大がございます」といった言葉の言い換えになり、実際に使うカップを示して量を伝えるアクションとなるのです。

わかりやすく教えてもらえれば「一見、入りにくかったけど、こんなに気のつくスタッフがいるなら、入ってよかった。また来よう」という気持ちになるかもしれません。

お客様にわかりやすく教える——。このような応対はグリーンエプロンブックに書いてあるわけではありません。

しかし、ここには「歓迎する」気持ちと「思いやりを持つ」行動が確かにあります。

マニュアルではない、個々のスタッフがここちよさを第一に考えた応対があります。

マニュアルが決められた手順・プロセスだとするなら、グリーンエプロンブックが謳《うた》う信条とは、スターバックスとパートナーの目標であり、めざすゴールです。

スターバックスとして大切にしていることがあるからこそ、そのためにお客さんとどのように接するかを、パートナーの各自が工夫します。

そして、さすがスターバックスといわれるホスピタリティでお客様を包み込んでいくのです。

マニュアルがないのに、なぜこのホスピタリティを維持できるのか、と疑問を投げかける人がいます。

しかし、どうでしょう。

マニュアルがあれば、スタッフは決められた手順に沿ってプロセスを踏襲《とうしゅう》することに追われます。

しかし、マニュアルがなければ、スタッフはお客さんに気持ちよくコーヒー（の種類と量）を選んでいただき、憩いのひとときを過ごしていただくために、説明や応対を工夫する行動が生まれます。

決められたマニュアルがないからこそ、このようにお客さんに来てよかったと思える、最善のホスピタリティが生まれるのです。

つまり、スターバックスのスタッフはマニュアルを必要としないということなのです。

現在、日本にあるスターバックスは９１２店舗（２０１１年3月31日現在）。

ここで働く社員スタッフは約１８００人、パート・アルバイトは約１万５０００人ともいわれます。

つまり、極端な話、スターバックスのパートナーと呼ばれるスタッフの数だけ、そのスタッフなりの接客サービスの仕方があるということになるのです。

スターバックスに行くと私たちが感じるここちよいホスピタリティは接客サービスマニュアルがないからこそ、生まれているのです。

## ホスピタリティを生むベースは80時間の新人研修

スターバックスのホスピタリティの源泉とは何か？

それはグリーンエプロンブックに記された信条（クレド）の実現です。しかしこれは一朝一夕に実践できるものではありません。

接客サービスマニュアルがないからこそ、スターバックスが大切にしているもの。それは、人材教育です。

スターバックスでは、（パート、アルバイト、そして社員）すべてのパートナーに等しく新人教育・研修制度を実施しています。

まずパートナーは**バリスタ**のスキルを学びます。これは**グリーンエプロン**を身につける以上、全員が美味しいコーヒーを淹れるスキルを習得しなくてはならないという考えから。

このバリスタのスキルを学ぶパートナーの研修カリキュラムはコアクラス（集合研修）とインストアラーニング（店舗研修）の二本立てで実施されます。

コアクラスは店舗外の研修会場で。

そこでは「**スターバックス・エクスペリエンス**」と呼ばれるスターバックスの歴史、企業文化、価値観、社風のほか、レジの打ち方、エスプレッソの淹れ方、コーヒーの風味の表現方法、お客様が満足する接客サービスの具体的な方法などを、グループワークを通して16時間、学びます。

パート・アルバイトとして参加するパートナーは、まず「一介のパート・アルバイトに過ぎない自分たちにこんなに時間を割いて教育研修を行うなんて」と驚くそうです。

しかし、こうした研修を経ることで、グリーンエプロンブックを身につけることの意義や誇りを感じることとなるのです。

インストアラーニングはコアクラスと並行して行われます。

ここでは、専任のコーチによるｏｆｆ‐ＪＴで食品の安全衛生、コーヒー豆の知識や抽出技術、レジやバー（厨房）での仕事などを10時間、学びます。

その後、店長の下、およそ54時間（目安）をかけて「スターバックス・エクスペリエンス」や、前述のグリーンエプロンブックの5つの価値観をOJTで実際の仕事を通して習得します。

コアクラスとインストアラーニングと合わせて約80時間の研修の後、各パートナーはバリスタ認定試験を経て、晴れてバリスタとなれるのです。

パート・アルバイトと社員を区別せずにスターバックスに関わる全スタッフをパートナーと呼ぶ――。

それは見せかけのエエ格好しいの言葉ではありません。

厳しく定めた一定の技能を修得した人材が仲間であり、支えあい、認めあう存在だからこその名称なのです。

全パートナーに等しくバリスタとなることを求めるために、80時間もの新人研修を実施していることは伊達ではないことがおわかりいただけるでしょう。

## ★スターバックスの終わりのない人材教育

スターバックスではパート・アルバイトのパートナーがバリスタとなった後、望めば、さらにさまざまな育成プログラムを受けることができます。

バリスタとして経験を積んだ後に、パートナーのシフト決めや資材・材料管理、お金の管理を任されるシフトスーパーバイザーへ。シフトスーパーバイザーとなった後には、ストアマネージャー（店長）を補佐するアシスタントマネージャーを目指すことも可能です。

アシスタントマネージャーとなるには、契約社員となることが求められます。

これについてはアルバイトから契約社員、そして正社員への登用というキャリアラダー（はしご）が設けられています。

スーパーバイザーからアシスタントマネージャー（契約社員）となった後に、一定の経験を積めば、社員登用試験を何度でも受けることができるのだそうです。

そして正社員となれば、さらなるキャリアステップ、ストアマネージャーの道が拓かれるのです。

業態が違うので一概に比較はできませんが、メーカーの契約社員・非正規社員の社員登用の厳しさに比べると社員登用システムの公正さ・透明性などの違いが際立ちます。

自分が勤務する会社・仕事へのロイヤリティー（愛着・忠誠心）と育成プログラムが連動し、キャリアステップが示されていること。

これは望めば、さらなる成長のチャンスがあるということですが、裏を返せば、スターバックスが掲げる高い企業理念の実現に向け、その一翼を担う強い意志が求められるということでもあります。

## ★コーヒーのスペシャリストになるには？

スターバックスのバリスタについてもう少しお話しましょう。

前項で望めばバリスタからさらに別の職種へのステップアップも可能と申し上げましたが、コーヒーのスペシャリストとしてさらにその道を究める進路もスターバックスにはあります。

バリスタとなったパートナーは、コーヒージャーニーガイドブックを携行し、日々、研鑽していきます。これはコーヒーについて学んだことを記入していく、いわばその人オリジナルのコーヒーガイドブック。

実はスターバックスで提供する本日のコーヒーは20種類以上あるといわれています。豆の原産地を覚えるのはもちろん、香り、味、炒り具合などをお客様に的確に説明できなければなりません。

フレーバーを説明するには、

「黒コショウのようにスパイシー」

「ナッツやココアのような風味」
「柑橘系の後味」
「スモーキーな風味」

など、ワインのソムリエのように豊富な語彙《ごい》を使って表現します。

パートナーは、休憩時間に自分の好きな飲み物を一杯飲め、週に一回、自分の好きなコーヒー豆（パートナービーンズ）を100グラム支給される特典があります。

バリスタはこの特典を活かして、商品であるコーヒー豆の味を覚え、その表現法をガイドブックに書きつけ、コーヒー道を究めていくのです。

スターバックスにはグリーンエプロンのほかに、**ブラックエプロン**があるのをご存知ですか？

ブラックエプロンとは、いわばバリスタ中のバリスタ。コーヒーを極めたスペシャリストに与えられるエプロンです。ブラックエプロンを身に着けるには、年1回実施される**「コーヒーマスター」認定試験**に合格しなければなりません。

ここではコーヒー豆の特徴、原産地についての知識、生産方法など、コーヒーに関する専門知識が問われるほか、コーヒーを淹れる技術、接客サービスの技術、日々の業務なども評価に含まれます。

これをパスし、地区（ディストリクト）の最上位者になると「ディストリクトコーヒーマスター」となり、晴れてブラックエプロンを身につけることができるのです。

そしてこの上、さらに広いエリアを統括するコーヒーマスターの最上位者となると「エリアコーヒーマスター」と呼ばれるのです。

エリアコーヒーマスターは、スターバックスコーヒージャパンが2000年から毎年1回開催しているアンバサダーカップに出場できます。

これはいわばスターバックスで日本一のコーヒーマスターを選ぶコンテスト。

全国の予選を勝ち抜いたエリアコーヒーマスターが集い、コーヒーの知識、接客サービススキルなどすべてを競い合います。

そこで勝ち抜いた優勝者は全国のスターバックスに約2万人いるバリスタの頂点に立つ、コーヒーアンバサダーとして認定され、文字通り、スターバックスコーヒーの伝道師として活動するのです。

過去のコーヒーアンバサダーカップでは、アルバイトの女性パートナーが頂点に立ったこともあります。
その女性はスターバックスコーヒーのスポークスパーソンとしてコーヒーセミナーの講師を務めたり、コーヒーアドバイザーとして全国にあるスターバックスの店舗を回ったり、コーヒーに合うケーキの商品を開発したりと、今でも八面六臂の活躍をしているといいます。

コーヒーのスペシャリストであるバリスタとしてのキャリアアップ一つをとっても奥の深いシステムがスターバックスにはあるのです。

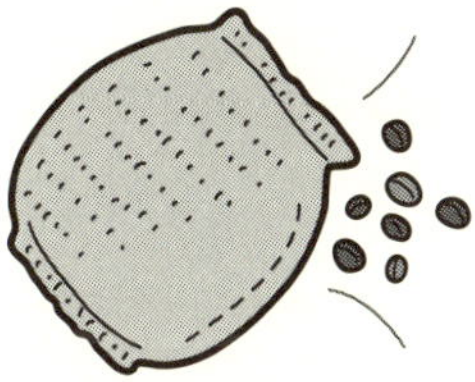

## グリーンエプロンブックを人材育成、社内コミュニケーションに活かす

前述のグリーンエプロンブック。

これはスターバックスのパートナーが常に身につけている小冊子でもあります。

パートナーはここに記された前述の5つの価値観を表すキーワードをもとに、自分の接客サービススキルが、その価値観を満たしているかを確認し、各自がさまざまな接客サービス経験を積み上げ、自身の成長に結び付けているといいます。

また社内・店舗内にはグリーンエプロンブックと同じ言葉とイラストが書かれたグリーンエプロンブック（GAB）カードが用意されています。

これはパートナー同士のコミュニケーションツールとして、またストアマネージャーと部下であるパートナーとの教育ツールなどとしても使われています。

あるストアマネージャーは、日々の接客サービスで感心した、あるパートナーの対応には「歓迎する（BE WELCOME）」と書かれたカードに「こんなところが良かった」と

具体的に、書き込み、渡しているのだそうです。

こうすることで日々の業務の中で、自身が気づかずに行っていた接客サービスの良いところを掬い上げ、褒めることで、良い接客サービス体験をストア内で共有化しているのです。

自分の接客サービスが見守られ、良いところはGABカードに書かれ、褒められ、確かな評価として記録されます。

これは日々の仕事に対して、ある種の緊張感をもたらすと共に励みともなっているようです。

スターバックスにおいて、パートやアルバイトにも接客サービスの真髄が浸透していることに驚いたあるメーカー企業が、このGABカードを真似たことがあったとか。

しかし、それは程なく失敗したそうです。

それはなぜなのでしょうか？

ＧＡＢカードは５つの価値観を記した、５枚のカードに分かれています。書き込む際には、これに該当する価値観の意味と求められるアクション（接客サービス行動）を理解した上で、評価をメッセージとして表現することが求められます。

つまりグリーンエプロンブックに記載された信条の意味を皆が深く理解していなければ書けないのです。

グリーンエプロンブックやＧＡＢカードに記載されているような、企業としてめざすべき崇高な信条を定めているでしょうか。

そしてこれをスタッフが理解するために、充分な時間と手間をかけた教育研修制度をつくり、人材教育を行っているでしょうか。

スターバックスでは80時間もの新人研修期間を設けて、企業信条をパートナー全員に浸透すべく、人材教育に力を注いでいます。

こうした事実を見過ごして安易にＧＡＢカードもどきを導入して失敗したのは明らかといえるでしょう。

ローマは一日にして成らず。

グリーンエプロンブックに掲げるような企業の信条が、思いつきの付け焼刃のような制度の導入（前述のGABカードもどき）で浸透することはないのです。

※part1と次章part2で記述したスターバックスの人材教育のシステムと店舗でのOJTについては、『「一緒に働きたくなる人」の育て方』見館好隆著（プレジデント社）を参考にさせていただきました。

*part* 2

# なぜスターバックスは〝癒やし〟の環境を作り出せるのか

――〝もてなし力〟が高まる秘密――

## 働きたくなる環境だから、人材が定着し〝もてなし力〟も高まる

一般に外食産業やファストフード店というと、パート・アルバイトはもとより、社員の離職率も高いという傾向があります。

しかし、スターバックスにおける離職率は正社員で年間8％、パート・アルバイトで40％程度とか。なかでもアルバイトは学校の卒業などを機に入れ替わりがあるので致し方ない面もありますが、それでも他のお店と比べれば、労働期間は長く、その離職率の低さでは定評があります。

スターバックスでは経営理念を示した**ミッション宣言**で行動指針を定めていますが、真っ先に書かれている言葉があります。

それは――。

「**お互いに尊敬と威厳をもって接し、働きやすい環境をつくる**」

ということ。

そこにはスターバックスのカリスマ経営者として知られる、現CEO、ハワード・シュルツの思いがありました。

幼少期、日雇い労働者であった父親が職を転々とした挙句、若くして亡くなった辛い経験から、自分がビジネスを始める際には、誰もが持つ能力を活き活きと発揮でき、報われる働きやすい環境づくりを志したのです。

お題目として「人材が第一」「顧客満足は従業員満足から」と唱える企業は決して少なくありません。

しかし、こうした創業の思いや経営理念、行動指針を社員やパート・アルバイトに浸透させるには、途方もないパワーが必要とされます。

そのためにスターバックスが力を入れているのが、前述の80時間の新人研修であり、お店での日々のOJTです。

スターバックスのパートナーには、もともとスターバックスのファンが高じて働き場所として応募する例も少なくないようです。だからこそストアマネージャーには、お店に客としてカウンターの外側から接したときと同様、もしくはそれ以上に魅力ある職場だということを示す努力が求められます。

そのため、スターバックスでは、お客様一人ひとりの要望に沿ったサービスをその場で提供できるように、また現場で臨機応変に対応できるように、権限の多くを現場であるお店のストアマネージャーをはじめ、パートナーに預けています。


ある新人のバリスタは、「3回まではやり直しさせてあげる。それでもうまくいかなかったら、私がつくって出すから」と先輩バリスタからいわれたことがあるそうです。

そこには新人を育てる覚悟とスターバックスが提供するコーヒーの品質のレベルを示す厳しさが垣間《かいま》見えます。


またある新人は、お客さんが列を成して待っていることに焦り、「バーに注文のカップを並べていくうちにパニック状態になってしまって……」とお客さんの注文を受けて捌《さば》ききれなくなったことがあったといいます。

そのとき、事態に気づいたお店のシフトスーパーアドバイザーが、すぐにサポートに回って混乱を収拾。その後、対処の仕方について何がまずかったのか、どうすればもっと成長できるのか、など的確にアドバイスしてくれたのだそうです。

自分一人でできること、混み具合によって周囲のパートナーに支援を求めることなど、順序立てて対処すれば、お客様を待たせずにすむということが、接客サービスを実践する中で理解できていったのです。


見守られている安心感とコーヒーを提供するサービスのプロとしての緊張感――。

スターバックスのパートナーはお店での接客行動の中で、日々成長する機会やチャンスが用意されているのです。


実はスターバックスの時給は、深夜の居酒屋やコンビニエンスのバイトに比べ、決して高いとはいえません。

一方で学生たちはアルバイト選びにあたって「勤務する曜日や時間が選べること」「勤務地が選べること」、そして何よりも「給与・時給が高いこと」を重視する傾向にあるようです。

にもかかわらず、なぜスターバックスで働くアルバイトのパートナーの仕事に取り組む意識が高く、また離職率が低いのでしょうか?

もうここまでくればおわかりでしょう。

それはスターバックスで働く動機はお金だけではないということなのです。お金よりも大事なことをスターバックスでは学べ、接客サービスを通じて自分が成長できるということがわかっているのです。

余談ですが、就職活動の際に、スターバックスでのアルバイト経験は、企業の人事に高く評価されるといいます。

これはそれだけ、スターバックスの人材教育が評価されているということです。

あのスターバックスの高い接客サービス技術を身につけた人材なら、当社にとっても有益な人材に間違いないということなのでしょう。

## なぜスターバックスは〝居心地の良い客席〟を作れるのか

スターバックスが、お店のコンセプトとして掲げる言葉に**サードプレイス**があります。家庭、そして学校・職場に次ぐ、第三の憩いの場所という意味なのだそうです。

お客様が心身ともにリラックスできる場所であるために――。

「上質のコーヒー」、パートナーたちの「お客様を歓迎するホスピタリティにあふれたおもてなし」、これに「くつろげる空間」が揃って初めてお客様にとってのサードプレイスが実現すると考えられているようです。

現在、スターバックスは、日本全国に880店舗（2011年3月31日現在）を出店していますが、実は一つとして同じ店舗はないそうです。これは出店する際の店のコンセプト、大きさ、立地に合わせて、コーヒー同様、手づくりの感覚で設計されているからです。

一般にこうしたチェーン店には、ビジネス街、郊外、ドライブスルー店舗など、それぞれの仕様・用途に合わせたパッケージ化された設計モデルがあるように思われがちですが、そうではないのです。

スターバックスの店舗設計者は、ある雑誌で「真心を込めて一店一店設計しています。中に1年以上かかる店舗もあります」と応えています。『マリ・クレール・コーヒーがもっとおいしくなる話（2009年2月号・アシェット婦人画報社）』

これはまたある喫茶専門誌の編集者が、スターバックス本社のあるシアトルで聞いた話ですが、出店率では日本とは比較にならないほどの桁違いの過密度を誇るアメリカ本国のスターバックスでは、店舗の形態も立地に合わせて100種類以上はあるとか。つまり、ビジネスモデルとして、それくらい考え抜かれた店舗デザインのストックを擁しながら、常に新しい形態のスターバックスを生み出す土壌があるようなのです。

実際に日本の店舗設計者も同インタビューで1年に手がける新店舗は80以上、リニューアル店は200を超えると応えています。この話から、こうしている間にも、常に新たなスターバックスのお店が考え出されたり、生まれ変わったりして、私たちの前にいつもの、しかも新しいスターバックスが現われるのです。

先ほど、アメリカでは店舗の形態は100種類以上のストックを抱えていると申し上げましたが、日本におけるスターバックスの形態も増えています。

たとえば、高速道路のサービスエリアにあるスターバックス。そこでは長旅のドライバーがリラックスして鋭気を入れ替える役割を担っています。

あるいは病院内のスターバックス。ある意味、無機質で閉鎖的な空間となりがちな場にコーヒーのいい香りが漂うスターバックスが併設されることで、患者さんやお見舞いに来られる方に気分転換やある種のリラクゼーション効果をもたらしているようです。

さらにドライブスルー店舗では、手が離せない多忙なドライバーや目の離せない小さなお子さんを抱えるお母さんたちにコーヒーを提供し、運転しながら、あるいは家に着いたときの束の間のコーヒーブレイクを提供しています。

またアメリカでは一般的な本屋さんに設けられているブック&カフェ形式のスターバックスも日本で徐々に増えつつあります。お目当ての本を見つけたり、待ち合わせに使ったりと、コーヒーと本と人との出会いにも役立っているようです

最近では福岡の大濠公園内にオープンしたスターバックスのように公園内に設けられた店舗もあります。休日などにリラックスしたひとときを提供する場ともなります。

変わったところでは、鎌倉御成町のスターバックスのように庭園とプールのあるものも。これは日本漫画界の草分けでもある故・横山隆一さんの旧邸宅&アトリエの跡地を活かして作られたもの。

このように一度は訪ねてみたくなる名所的スターバックスもあります。

## 心からリラックスできる空間を実現するための工夫

家でも、学校・職場でもないサードプレイスであるために――。

これを実現するアイテムの一つが、アメリカンサイズのゆったりとしたソファだったりします。全身を包み込む巨大なアメリカンテイストのソファやオットマンに身を委ねて、深煎りのスペシャリティコーヒーを味わうのは至福のひとときでしょう。

お客様からは「このソファはどこに行けば購入できますか?」というお問い合わせも少なくないとか。しかし、残念ながら、個人での購入は難しいようです。

なぜなら、すべての什器・家具はシアトルの本社で一括購入して日本に輸送されているのです。

アメリカンサイズのソファを、日本の店舗に置くということは、効率という点では、非効率です。普通はもっと小さな椅子とテーブルを置いたり、ベンチシートを置いて、より多くのお客が座れるようにしようと考えがちです。

しかし、スターバックスは違います。空間をゆったりと贅沢に使うことによって日常とは離れて、リラックスしていただきたいと考えているのです。

前述の設計者は言います。

「アメリカンサイズのソファは、日本人には大きすぎて自宅にはなかなか置けません。だからこそ、家でも職場でもない、自分だけの場所としてスターバックスで一杯のコーヒーを味わいながら、寛いでいただきたいのです」〔『マリ・クレール・コーヒーがもっとおいしくなる話（2009年2月号・アシェット婦人画報社）』〕

スターバックスに入るとなぜか落ち着く――そう感じたことはありませんか？

実はスターバックスでは、先のソファに限らず、家具や照明、壁の色まで徹底的に考え抜かれたデザインが施されているのです。

スターバックスの店舗ではコーヒー作りの四段階に合わせたテーマカラーを設けて色のディティールが決められているそうです。

コーヒー作りの四段階とは、

「GROW（栽培）＝緑を基調としたデザイン」

「ROAST（焙煎）＝濃い赤と茶を活かしたデザイン」

「BREW（抽出）＝水の青とコーヒーの茶色を活かしたデザイン」

「AROMA（香り）＝黄、緑、白の明るい基調のデザイン」

となっており、壁の色調や掛けられる絵の色使いなどが決められていきます。


さらに自然素材を活かした内装、手ふきガラスの照明器具、有機的なデザインなどを効果的に組み合わせ、一つとして同じ店はない一方、トータルとして、一貫したスターバックスの空間デザインが生まれているのです。

壁の色調、ゆったりとしたソファ、どこかほっとする手づくり感が残るランプシェードが灯す温かな光に満ちたスターバックスの店舗空間——。

「家にありそうでない」、「職場や学校にもありそうでない」、サードプレイスをコンセプトとして、コーヒーと共に過ごす時間と空間を大切にすること。それはまたスターバックスが提唱しているコーヒーを通したスターバックスエクスペリエンス（経験）に関わる重要なピース（部分）の一つなのです。

## 老若男女、幅広い層にウケているワケ

先ほどスターバックスの店舗空間には、インテリア、内装、照明などに考え抜かれたデザインが施されていると述べました。そして一つとして同じ店はなく、しかもトータルとしては、一貫性があるとも。

だからといって老若男女、不特定多数にウケる店舗空間作りは至難の業のように思えます。

しかし、スターバックスのファン層が幅広い年齢層にわたっているのは事実です。なぜ、老若男女に人気があるのでしょうか？　考えられるのは意外に統一感のない椅子・ソファなどが置いてあったりして、インテリア空間に多様性を持たせていること。色使いにしてもコーヒー作りの四段階にはシックな色合いもあれば、明るい色調もあるのがポイントです。

老若男女といっても、それぞれの趣味・嗜好は違います。

また同年代だから同じということはありません。

ヒントの一つはインテリア空間の多様性や色彩のバリエーションにあるような気がしてなりません。

数ある喫茶スペースがある中でスターバックスにすんなりと入ってしまうのは、趣味・嗜好の間口がこれといって決められているわけではなく、かといってデザイン的にバラバラではなく、むしろ調和がとれていることにあるのです。

趣味・嗜好を押し付けるのではなく、店舗内でスペースを選択できる、いわば懐の深い、遊び心のある空間デザイン。

そこに行けば、それぞれが自分にとってのお気に入りのソファ、寛げる空間が用意されている、と思わせる力があるからなのです。

## “顧客ビジネス”としてコーヒーを提供——だから強い！

スターバックスの原点を表す言葉にピープルビジネスという考え方があります。

シュルツ氏はこの言葉についてさまざまな場でコメントしています。

「コーヒーの質だけが成功の決め手ではありません。最終的に私たちは「ピープルビジネス」を展開しているのです。」（『スターバックスマニアックス』小石原はるか著・小学館文庫）

またあるときにはピープルビジネスの考え方が、いかにパートナーに浸透しているかを誇らしげに語っています。

「今週うちの店のパートナーがすごい発見をしたんだよ」シュルツは話を始めた。「それまでは、自分たちはコーヒービジネスを通じて、顧客に奉仕していると思っていたんだが、そうじゃなくて、顧客ビジネスとしてコーヒーを提供していることに気づいた。

と言うんだ」シュルツの顔は誇りに輝いていた。スターバックスでは、あらゆるレベルの社員がブランド・ポジショニングの本質と究極のパワーを理解していた。」(『なぜみんなスターバックスに行きたがるのか?』スコット・ベドベリ著・講談社)

顧客ビジネスをピープルビジネスと読みかえてもいいでしょう。

この発言を見ても創業者のシュルツだけではなく、パートナーの一人ひとりが、一杯のコーヒー以上の何かを提供する意味を理解してきたからこそ、スターバックスが今日の成功に到ったことがわかります。

スターバックスコーヒージャパンのHPのOur Partnersの項を見てみましょう。

スターバックスにはブランドのコアに〝ピープルビジネス〟という考え方があります。「**スターバックスに関わるすべての人たちの心を豊かで活力あるものにする**」という企業としてのミッションを意味します。

スターバックスのパートナー(従業員)は〝ピープルビジネス〟を〝ホスピタリティ〟あふれるサービスへと変える大きな存在。エプロンを身に着けたその瞬間から、お客様にご満足いただくための接客に情熱を注ぐのです。（「※Our Partners の記述は執筆当時と若干変わっているため現在のスターバックスコーヒージャパン公式ホームページを参照して下さい）

と書かれています。

サードプレイスを標榜し、お客様に「この上ないスターバックス体験を」と考えるわけですから、美味しいコーヒー、ここちよい空間とともに、肝心のホスピタリティあふれるサービスが提供できるかどうかは、スターバックスのお店にいるパートナーたち次第、一人ひとりのパートナーの応対にかかっているということなのです。

しかし、サービス業では接客サービスのベースにマニュアルを据え、接客サービスの技術を磨かせる傾向があります。とくに多店舗展開をするチェーン店にその傾向が強いのは事実です。

効率性を追求し、ある一定レベルの接客サービスを維持し、技術の浸透を促す意味では、これも一つの方策なのでしょう。

でもマニュアルはマニュアルでしかありません。

不快な思いこそお客さんにはさせないものの、一方で感動を与えるようなホスピタリティあふれるサービスとは無縁なのです。そのようなサービスでお客様が定着するはずはありません。低価格競争に加わって何とかお客様を繋ぎとめるのが関の山です

スターバックスに接客サービスマニュルがないのは、マニュアルに示された応対を踏襲することで接客サービスの技術は身につかないと考えるからです。むしろ大切にしているのは接客サービスの経験から紡ぎだされるおもてなしの心なのです。

先のホームページの文章には続きがあります。

最高のホスピタリティとは何か。スターバックスのパートナーは常にその命題について考え、学ぶことを忘れません。私たちがサービスマニュアルを持たないのは、一人ひとりのパートナーが、自分なりのピープルビジネスを実践しているから。それは「お客様を歓迎する心」であり、「仲間への思いやり」であり、また「コーヒーへの情熱」で

もあります。それらが有機的に結びついて生み出される上質なホスピタリティこそ、スターバックスの最大の強みなのです。（スターバックスコーヒージャパン公式ホームページより）

スターバックスのパートナーたちは、常に最高のホスピタリティを追求するために考え、学ぶとあります。日々、お客様と接し、自分や仲間のパートナーの接客経験から学んだなかで、応用し、仲間と一体になって、お客様の要望に応えることが、よりよいホスピタリティの実践へと繋がっていくのです。

スターバックスが展開しているのは、単に接客サービスの技術を磨き、接客サービスに長けた人材による接客サービスではありません。

接客サービスの経験を積み重ねるなかで、自分という人間を磨き、成長していくパートナーだからこそ提供できる上質のホスピタリティにあふれたサービスなのです。

*part* 3

# スターバックスは なぜ日本で 受け入れられたのか

## ★コーヒー消費の成長途上にあった日本進出を摸索

1971年、アメリカ北西部の都市・シアトルのパイク・プレイス・マーケットでコーヒー豆専門店として誕生したスターバックスコーヒー。今や世界をマーケットとする同社ですが、当初の十年間はシアトルを中心に展開するコーヒーの名店に過ぎませんでした。

スターバックスが大きく変わったのは、1982年に店舗運営・マーケティング部門の役員として入社した現・CEOのハワード・シュルツ氏が、1987年に創業者から買収する形で、現在のスターバックスの経営者となってからです。

その後、順調にアメリカ全土に出店。隣国のカナダにも事業を拡大していきました。

当然、ビジネス拡大の進路は海外にも向けられることとなります。

そして次のターゲットとして考えられたのが、ヨーロッパのイギリスと太平洋沿岸諸国の日本でした。しかし、当時のスターバックスは経営資源が厳しい状況だったので、双方に出店戦略を展開し、資金を投入する余裕はなかったようです。

スターバックスは慎重を期して大手経営コンサルタント会社に日本進出についての調査を依頼しました。

コンサルタント会社からは日本市場への参入について、次の三つの〝否定的な警告〟を受けることとなります。

それは——。

・スターバックスの事業は**テイクアウト**が90％を占めるが、日本の消費者は街中でコーヒーを飲まない傾向がある。

・**禁煙のルール**は、日本の喫茶店文化とは相容れないので、原則、禁煙のスターバックスは敬遠される可能性が高い。

・日本の**不動産価格**は高く、店舗スペースは必然的に小さなものとならざるを得ない。

というものでした。

その結果、日本への進出は時期尚早、〝もしくはやめるべき〟との結論がコンサルタント会社からもたらされたのです。

コンサルタント会社に調査を依頼する一方、スターバックス本体でも独自の調査を進め、まず、太平洋沿岸諸国への展開がベターという見解を出していました。
ヨーロッパのカフェ（コーヒー店）市場は、成熟期に入っており、コーヒーを楽しむ文化は既に定着していたからです。

その一方で日本の市場にはまだ潜在的可能性があり、コーヒー店は発展段階にありました。日本国内では１９８０年にセルフコーヒーショップ・チェーンの「ドトール」がオープン。スターバックスが日本進出を検討している頃、５００店舗を超える勢いで成長を続けていたのです。

その頃、コーヒービジネスを進める外資系企業が日本への進出の機会を伺っているとの情報もあり、この機を逃すと日本進出が厳しいものになるかもしれないとの懸念も社内で広まりつつありました。

スターバックスの日本進出の機は熟しつつありました。そしてある一人の日本人との出会いが決定打となってスターバックスは北米以外の初の海外出店を日本で果たすこととなるのです。

## ★サザビーとスターバックスとの運命の出会い

ある一人の日本人――その人の名は角田雄二氏。

それまでの四半世紀、レストラン経営に携わってきたサービス業のプロフェッショナルです。

日本国内で外食ビジネスを手がけ、アメリカ・ロサンゼルスでも「チャヤ ブラッセリー」を経営。

人気店に育て上げると共に、当時は、実弟が経営するサザビー（現・サザビーリーグ）の経営にも参画し、アメリカ西海岸を拠点として日本とアメリカを往復する多忙な日々を送っていたそうです。

1992年、その角田氏が、自身の経営するカリフォルニア州サンタモニカのレストラン近くのスターバックスに初めて足を踏み入れます。そのとき、角田氏はこれまでに感じたことのない衝撃を受けます。

店内に立ち込める濃厚なコーヒーの香り、イキイキと接客するバリスタたちの明るくて気持ちよい応対、パートナーの〝ビッグスマイル〟と〝サービス〟に魅せられたのです。

「こんなおいしいコーヒーがアメリカにあるのか、って正直思いましたよ」

（中略）

「そこには日本で経験したことのないホスピタリティ（もてなし）があったんです。あの店で出会ったスタッフたちの笑顔がとにかくインパクトがあってね。どうしてあんな笑顔が自然に出るのか、もうそればかり気になってましたよ」〔『スターバックス大解剖・スターバックスを日本に連れてきた男　角田雄二さんの10年』（柑出版社）〕

角田氏はすぐに前述の実弟で、ビジネスパートナーでもあるサザビーのCEO（当時）・鈴木陸三氏を誘い、再びスターバックスを訪れます。

「コーヒーとサービスは素晴らしい。サザビーが運営するティールーム併設の生活雑貨店『アフタヌーンティー』にも通じるものがある」とも話したそうです。

一方で二人はビジネスパーソンとしてスターバックスを捉えます。

「フードと物販商品は改善する余地があり、この二つはサザビーの得意とする分野。美味しいコーヒーにこの二つの分野を組み合わせればもっといい店が生まれる」と意見が一致したのです。

そこから角田氏はビジネスパーソンらしい素早い動きを見せます。すぐに店内のリーフレットを持ち帰り、裏面に記された住所を頼りにスターバックス宛に一通の手紙を書いたのです。
「スターバックスのコーヒーは美味しい。またスタッフの女性の〝ビッグスマイル〟は素晴らしい。しかし物販商品とフードには改善の余地がある。この素晴らしいコーヒーを日本で紹介する気があるなら、仲間になりたい」と。

率直、かつ外食ビジネスのプロとしての的確な評価が書き込まれた書面――。この手紙が届いてから一週間後、これに反応し電話をくれたのが、日本での出店を模索し、ビジネスパートナーを探していた、ハワード・シュルツ氏でした。

「手紙をありがとう。あなたの言うことはもっともだ。今度会えないか」

翌93年には、角田雄二氏とハワード・シュルツ氏の念願の対面が実現。初対面から二人は意気投合したといいます。
角田氏はその出会いについて数々の雑誌や書籍で、
「生活感や価値観、モノの捉え方などがお互いにとても似ていると感じ、その日のうちに一緒にやろうということになった」

と応えています。

当時、スターバックスのもとには、商社のような、いくつもの大会社からオファーが寄せられていたようです。

しかし、それらの会社よりもリテール（小売業）に精通した会社を提携先にと考えていたのでした。

「衣・食・住」でライフスタイルを提案するサザビーと一杯のコーヒーがもたらす至福のひとときを通して、人と人をつなぐコーヒー文化を提案するスターバックス――。シュルツ氏と角田氏が、初対面から意気投合したのは、二人がめざす方向性が一致していたからなのです。

その後、正式にサザビーが日本の窓口となってスターバックスと契約を結び、3年後にはスターバックスコーヒージャパン株式会社を設立。代表にはもちろん、角田氏が就任。

そして、１９９６年に日本第１号店、「銀座松屋通り店」がオープンすることとなります。

日本とアメリカの飲食事情に詳しい角田氏のビジネス手腕、そしてライフスタイル提案やティールーム併設の生活雑貨店「アフタヌーンティー」の運営で実績のあるサザビーとスターバックスとの連携によって北米以外初の海外出店、スターバックスの日本進出が実現したのです。

## 日本で心配された3つの〝問題〟はどう克服したのか

まずコーヒーのテイクアウトが普及していないという〝問題〟については、過渡期だったといえます。すでにファストフード店やドトールでテイクアウトが徐々に普及しつつありましたから、成り行きを静観するしかありませんでした。

発祥の地であるシアトルのスターバックスの利用者は周辺の魚市場や花卉《かき》市場の関係者だったり、マイクロソフト社やボーイング社などの多忙なソフト開発者やビジネスマンだったりします。そして彼らのほとんどが、出社前にコーヒーをテイクアウトし、市場やオフィスに持ち込むというスタイルが一般的なようです。

今になってみれば東京のビジネス街にあるスターバックスでもこのような光景が当たり前になってきています（それでも数字的には本国のスターバックスのテイクアウト率と比べ、圧倒的に少ないようです。一説には3分の1というデータ（※）もあるとか……）。（※『スターバックスコーヒー　豆と、人と、心と。』ジョン・シモンズ著（ソフトバンクパブリッシング）より）

第二の禁煙は日本の喫茶店文化になじまないという警告・課題について、スターバックスでは、商品の品質とブランドの存在意義に関わる葛藤《かっとう》があったといいます。

コーヒー豆は吸収性が高く、周囲のにおいを取り込みかねないという危惧があったのです。スターバックスのお店の魅力であるコーヒーの風味と香りが煙草の煙によって損なわれてしまっては、お店として、スターバックスとして、存在する意味がありません。

このため、日本に出店した1号店「銀座松屋通り店」では、店内に喫煙エリアと禁煙エリアを設けるという苦渋《くじゅう》の決断をします。

この決断はその後、2号店・東京「お茶の水店」の出店まで続き、第3号店・東京駅の「八重洲地下街店」を出店する際、既存の店舗も含め、全席禁煙と改められます。

苦渋の決断はなぜ改められたのか——。これはそれまで日本の喫茶店で常連といわれる男性客を中心に紫煙とともに嗜《たしな》まれていたコーヒーが、スターバックスの日本出店により新たな顧客層にまで浸透していったことによります。

新たな顧客層とは誰でしょう。それは非喫煙者であり、また煙草の煙やにおいを嫌う女性たちのことです（もちろん、女性すべてが煙草や紫煙を嫌うというわけではありませんが）。

それまで日本の喫茶店の顧客は主に男性や喫煙者が占め、非喫煙者や女性が一人で入りにくかったことは事実です。

徐々にドトールのようなセルフコーヒーショップがこうした新たな顧客層の間口を広げつつありましたが、これらも全席禁煙には到っていません。

スターバックスは3号店の出店以降、禁煙というイメージが定着し、他のコーヒーショップと明確に差別化されることで、新たな顧客層を取り込むことに成功していったのです。

第三の不動産価格（賃貸料）が高いので店舗スペースは小さくならざるを得ないという警告・課題もまたスターバックスが掲げる「サードプレイス」という重要な企業理念の実行に関わる問題でした。

都市で暮らす日本人の家は比較的狭く、通勤時間も長かったりします。自宅と学校・職場と異なるくつろぎの空間・サードプレイスであるために、通学・通勤の疲労を癒す、〝わが家よりも、ゆったりとした空間〟は欠かせません。

そこでスターバックスは店舗スペースを小さくという警告をあえて無視する形をとり、広々とした店舗を出店するという戦略を推進することとしたようです。

前述の角田氏がある雑誌のインタビューで「最初の店は大通りに出そうとは思わなかった。一等地の中でも二番手ぐらいの場所がいいと思ってね」〔『スターバックス大解剖・スターバックスを日本へ連れてきた男 角田雄二さんの10年』（柑出版社）〕と述べているように、1号店は銀座松屋の裏通り、2号店は御茶ノ水、3号店は八重洲地下街、4号店は町田と少しだけメインストリートから離れたエリアに出店しています。

経済的に実利を取る一方で、サードプレイスとしてのスターバックスの出店がどのような評価を顧客から得るかマーケティングする——出だしはある意味で慎重でした。

しかしその後、幅広く受け入れられると見るやいなや、大胆に出店戦略を構築していきます。2001年、1号店出店から、わずか5年で日本国内に300店の出店を果たすなど、急成長を遂げることとなるのです。

## 〝新しいコーヒースタイル〟でスターバックス・ブームを作る

こうした歩みを振り返ると、日本進出にあたって、大手経営コンサルタント会社の警告を必ずしも鵜呑みにせずに、事を進めたシュルツ氏と角田氏（サザビー）との提携で生まれたスターバックスコーヒージャパンが推進した出店戦略の慧眼と経営手腕が光ります。

忠告は忠告として受け入れながら、日本のコーヒー（喫茶店・セルフコーヒーショップ）マーケットを冷静に見つめ、独自の企業理念をもとに、女性客という新たな顧客層を掘り起こしたのですから。

スターバックスが進出した当時——。

マスメディアは市場を強引にアメリカ流に変える外資系・米国企業の出現をペリーの黒船にたとえて、「カフェ業界に黒船が上陸！」とその脅威を煽りました。

しかし、そこにはこれまでにない新しいスペシャルティコーヒーとコーヒーを心ゆくまで楽しめる空間の提供がありました。

加えてカスタマイズやテイクアウトといった新たな喫茶スタイルの提案があり、日本の消費者たちは、自分たちの眼と嗅覚、味覚、スタッフの応対のここちよさや、場所そのものの居ごこちでスターバックスを選択し、ファンになっていったのです。

サザビーとの提携によるスターバックスの日本進出戦略とその推移をみれば、スターバックスは強引に自己流を押し通す黒船ではなかったことがわかります。

スターバックスの日本進出が成功した後、２００２年～２００３年にかけて鳴り物入りで日本出店を試みたアメリカの企業があります。

その名は「ピーツ・コーヒー&ティー」。この店、実はスターバックスの創業者の一人であるジェリー・ボールドウィンが深煎りの焙煎技術を学んだ、スターバックスの先輩格でシアトル系カフェの先駆けとなるコーヒーショップでした。

その特徴としてドリンクを注文する際に名前を告げ、引換券をもらい、引き換えの際には、名前が呼ばれ、引換券と交換するので、受け取る際に間違いのない理にかなった方式で知られていました。

コーヒーの味そのものもスターバックスと遜色のない味わいで一部にファンを獲得したようでしたが、スターバックスのように多くのファンを獲得するまでには到りませんでした。
ピーツ・コーヒー&ティーは南青山や六本木、新宿や神田小川町などに出店していったのですが、一説にはこの店の特徴である、いちいち名前を聞かれるシステムがOLたちから敬遠されたともいわれています。

頑なに伝統的な注文方法を踏襲したピーツ・コーヒー&ティーと、一時は企業理念に反して喫煙席と禁煙席を併設し、冷静に顧客の反応を見守ったスターバックス。

前者はほんの1年で撤退を余儀なくされ、後者は禁煙派や女性客などから圧倒的支持を受けて、ほどなく、「禁煙でいける」と判断したスターバックスは従来の日本の喫茶店では考えられなかった「禁煙のセルフコーヒーショップ」という代名詞を定着させることに成功したのです。

## ★スターバックスのコーヒーはなぜ女性にウケたのか？

全席禁煙によって女性客が入りやすい店舗を作った——。

しかし、女性客を惹きつけたのはそれだけが理由ではありません。

日本におけるカフェ業態の成り立ちと変遷、そして現状までを、関係者への綿密な取材と考察をもとに網羅してまとめられた高井尚之氏の『日本カフェ興亡記』（日本経済新聞出版社）には次のような興味深い指摘があります。

> スターバックスのさまざまな提案は、とくに女性に支持された。
>
> まずコーヒーで提案したのは「深煎りコーヒー」。とくにエスプレッソがベースのコーヒーである。
>
> たとえば「カフェ　ラテ」（エスプレッソに、スチームミルクと呼ぶ蒸気で泡立てた牛乳を加えたもの）や、「キャラメル　マキアート」（バニラシロップを入れたスチームミルクにエスプレッソを加え、キャラメルソースで飾ったもの）といった、従来の店にはないドリンクだった。
>
> （中略）

ともあれ、日本の喫茶市場をスターバックスが〝開国〟した面は大きい。なかでも最大の功績は「多くの女性がコーヒーを飲むようになったこと」だろう。

それまでのコーヒーは、どちらかというとオトコっぽい飲み物だった。それがミルク系コーヒーの登場により、女性が気軽にコーヒーを注文できるようになった。

さらに斬新だったのは、ドリンクを自分でアレンジできることだ。カップのサイズはショート（240ミリリットル）や、トール（360ミリリットル）など4種類あり、すべてのメニューが自分好みの味に変えられる。たとえばミルクを豆乳に変えたり、モカソースを追加したりもできる。同社ではそれを「カスタマイズ」とも呼ぶが、組み合わせは7万通り以上あるともいわれている。

ミルク系コーヒー、そして自分好みにアレンジできるカスタマイズ――。

スターバックスのこの新たなコーヒーの飲み方の提案が、明らかにこれまでの日本の喫茶風景を変えていくこととなります。

スターバックスは、著名人のスタバファンが多いことでも知られていますが、モデル、女優、シンガーとして活躍する土屋アンナさんは、コーヒー嫌いから一転してスターバックスの虜になった一人です。

ある雑誌でのスターバックスのバリスタとの対談で「実は、コーヒーは嫌いだったのだけれど、カフェモカにトライしたら美味しかった！　そこからどんどんはまっていきました（笑）」〔『マリ・クレール・コーヒーがもっとおいしくなる話』（２００９年６月号・アシェット婦人画報社）〕と高校1年生以来というスターバックスとの長いつきあいについて語っています。

土屋アンナさんはさらに、「ソイのスチームミルクか、エスプレッソにドームミルクだけを入れてカプチーノをカスタマイズします、泡をたっぷり入れてもらって、ドライカプチーノにするのが好き」とスタバファンらしくカスタマイズを活用。

いつも行くお店では「土屋アンナのために誰がいちばんきめ細かいドライカプチーノを作れるか」みたいな競争になっていて（笑）――といったエピソードがあるほどのヘビーユーザーっぷりを発揮しているそうです。

また通常のカスタマイズはお客様の注文や要望に応えてバリスタが作り出すものですが、バリスタからコーヒーを受け取った後に、お客様自身の手で好みの味を加えてさらにカスタマイズできるコーナーが店内に存在します。

それがコンディメントバー。

そこにはペーパーナプキンやアイスドリンク用のストローが用意されているだけではありません。

牛乳やノンファットミルク（無脂肪牛乳）やコーヒーミルクの入ったポット類。

ココアやシナモン、バニラなど、さらに風味を加えるパウダー類。

グラニュー糖やブラウンシュガーに加えてダイエットシュガー、ガムシロップやはちみつ、浄水器でろ過された飲用水などもセットされ、自由に使うことができるのです。

カスタマイズ、そしてコンディメントバー……。
そこには**自分仕様のオリジナルをカスタマイズ注文する楽しみと自分好みに味を調節するという、ひと手間加える楽しみ**があります。

スターバックス好きが高じて『スターバックス マニアックス』（小学館文庫）という世界初ともいわれる「スタバファンブック」をつくった小石原はるかさんの本によると、慣れるにつれ、注文の仕方も変わってくるとか。

初級は写真入りのメニューを見ながら「これ、ください」
中級は少しカスタマイズを入れて「トールのラテを、低脂肪ミルクでお願いします」
上級になると「ダブルトールラテ　バニラ2％（ツーパーセント）ください」

前章で、スターバックスのパートナーたちは、お店でしか通じない言葉を安易にお客様へ投げかけないところが素晴らしいと申し上げましたが、小石原さんが言う上級クラスのお客の側から投げかけるスタバ独特の言葉を使った注文には、どこか遊び心が感じられて楽しいものです。

まるでお客さんがスターバックスのバリスタと一緒になってオリジナルのコーヒーを作る〝共同作業〟をしている感じといえばいいでしょうか。

もちろん、カスタマイズが面倒な方は、メニュー通りの注文もオーケー。
スターバックスのパートナーたちは、初級、中級、上級、いずれの注文でも最高の笑顔で応えてくれるはずです。

女性はある意味で買い物好きです。

いや女性に限らず、カスタマイズというステップにはそんな購買意欲をくすぐるものがあるのかもしれません。

ただ面白いことに、スターバックスではカスタマイズの仕方を店頭で進んでお客に知らせているわけではありません。

カスタマイズを知るには前述の『スターバックスマニアックス』のような本を読むか、お店に足繁く通って常連のカスタマイズのやりとりを聞いた後に、自分でトライしてみるしかなさそうです。

もしかしたらスターバックスは意図的に、カスタマイズを学び、実行すること――。

これも一連の楽しみとして仕向けている〝**仕掛け**〟なのかもしれません。

働く女性たちは、確実に忙しくなってきています。

スターバックのコーヒーを美味しいと感じる彼女たちは、時間がなければオフィスなどにテイクアウトするようになっていきます。

さながら、海外テレビドラマ「アリー・マイ・ラブ」（※1）でカプチーノを味わうアリーを演じるキャスリタ・フロックハートのように。あるいは映画「プラダを着た悪魔」（※2）の鬼編集長ミランダを演じるメリル・ストリープがブラックコーヒーを楽しむように。

スターバックスのロゴ入りカップのスタイリッシュなデザイン、持ち歩いても手のひらが熱くならないように巻かれた再生紙仕様のコーヒースリーブのおかげもあってテイクアウトしたり、街中でコーヒーを飲んだりするオシャレな女性たちが増え、コーヒーを楽しむスタイルが目に見えて変わっていったのです。

※1　『アリー MY LOVE』
1997年～2002年に放送された5部作。日本では1998年からNHKで放映された海外コメディドラマシリーズです。キャスリタ・フロックハート演じる法律事務所で働く女性弁護士アリーの恋愛模様や法廷での活躍、そして何よりアリーのチャーミングなキャラクターなどが同世代の女性の共感を呼び、話題となりました。

※2　『プラダを着た悪魔』
2006年にアメリカで公開された映画。メリル・ストリープが演じる有名ファッション誌編集長ミランダの傍若無人な悪魔のような振る舞いに翻弄されながら、アシスタントとしてひたむきに頑張るジャーナリスト志望の主人公・アンドレア（アン・ハサウェイ）の成長を描いた傑作です。ファッション業界の内幕も垣間見せ、全世界でヒットしました。

## スターバックス コーヒー ジャパン、オリジナル商品開発秘話

スターバックスは日本全国に912もの店舗があります（2011年3月末現在）。

短期間にこれほどの店舗ができるということは、アメリカナイズされたスターバックスのコーヒーとそのサービス（ホスピタリティ）が、「どれだけ日本人にウケたか」の証明でもあります。

一方で当時のスターバックスコーヒージャパンの代表・角田雄二氏が、スタバを日本に招聘《しょうへい》する際に述べていた、フードや物販商品などについて相当なテコ入れを日本側主導で行ったことと推測されます。

つまり、お客様の大半を占める日本人の味覚、趣味・嗜好に応えるためには試行錯誤を繰り返しながら、フードだけではなく、ドリンクも含めて商品開発を行ったのではないかということです。

フードや物販商品などの各種グッズでは日本オリジナルの開発は進められたようですが、特にドリンクに限っては、紆余曲折、シアトル本社と日本側スタッフの間でさまざ

まなバトルが行われたようです。

たとえば、今では人気商品として知られる「抹茶クリームフラペチーノ」——これなどは日本側で当然、開発したものと誰もが思うことでしょう。

でもこれ、実はシアトル本社と台湾で開発したものだというから驚きです。

そして日本での発売から数年後、アメリカでも販売することとなり、その際にメロンシロップを入れるようにと、レシピ変更の通達がきたのだとか。

アメリカ人と日本人の甘味に対する味覚は大きく異なるといわれています。

日本側では「抹茶にメロンシロップを入れるなんて」と猛反発して、ノンフレーバーシロップで販売に到るという経緯があったのでした。

アメリカ側では、すでにお客様に〝メイド・フォー・ユー〟、つまりお客様の半数以上が飲み物をカスタマイズする習慣が根づいており、「メロンシロップがイヤならお客様の方でカスタマイズすれば済む話」とのことだったのです。

しかしまだ日本では話題にはなっているものの、カスタマイズはアメリカのようには根づいていませんでした。

最近ではある年の秋、翌年に出す予定の夏季限定のフラペチーノが材料調達の都合でできなくなったこともありました。スターバックスでは商品開発には1年かけるので非常事態です。その担当スタッフはそこで日本進出直後に一度出して、人気を博した「コーヒージェリーフラペチーノ」の復活を打診します。

しかし本国からの答えは「ノー」。

そもそもアメリカにはコーヒーゼリーがなく、ゼリーそのものも安価なお菓子と捉えられており、スターバックスのイメージにそぐわないということだったようです。

担当スタッフはコーヒースペシャリスト（バリスタの最高位のスタッフ）と協働してコーヒーゼリーのプロトタイプの開発に乗り出します。

「日本ではコーヒー味のゼリーは人気で、決して安っぽいイメージはありません。そこでコーヒーゼリーにしっかりとした苦味と厚みのあるイタリアンローストを使い、抽出の温度、豆の焙煎、挽き方、量など、細部に気を配ってレシピを作り、紅茶のようにプレス抽出しました」といいます。

結果、今までにない、スターバックスらしい高級感をまとった「食べるコーヒー」を作り出すことに成功します。

当時のスターバックスコーヒージャパンの社長は角田氏からフィリピン出身の女性社長・コラーレスさんに代わっていましたが、彼女もその味には納得でした。

以前は、店舗でゼリーそのものも作っていたため、手間がかかるという実務上の問題がありましたが、食品会社との連携でこの課題を解消する根回しも済ませていました。

すべてのダンドリを終え、シアトル本社のビバレッジの責任者に再び判断を仰ぎましたが、再び「ノー、議論の余地はない」との無常の回答が……。

しかし担当スタッフはあきらめませんでした。

アメリカでは定番商品の味をお客様自らが自分好みにカスタマイズすることで定番商

品の人気が永らえます。しかし、日本では商品の進化が速く、定番商品のレシピを少しずつ変え、商品そのものをカスタマイズするという国民性がある、ということに気づいたのです。

そして社長に国民性の違いを訴えてもらうことで責任者を説得するに到ったのです。

ビバレッジの責任者は「商品開発のイノベーションをそんなに短いサイクルで行っていたら、商品開発のアイデアが尽きてしまうのではないか」と懸念するほどだったといいます。問答の末の答えは「認めるが、本国からはサポートはしない」とのことでした。

「コーヒージェリーフラペチーノ」に関しては、もとより本国のサポートをあてにはしていなかったので、あとは突き進むだけでした。

そして迎えた翌年の夏本番――。フラペチーノの注文の半数が「コーヒージェリーフラペチーノ」が占めるという、驚異の出足を見せたのでした。

その夏は原油高の経済的混乱もあり、スターバックスだけではなく、コーヒー業界全体に深刻な打撃が予想されましたが、この商品のおかげで限定的な打撃で済んだほどでした。

そして夏の終わりに、さらなる朗報が届きます。

その後、件のビバレッジ責任者はタイに異動したのですが、そのタイを含む、アジア・パシフィック地域から「コーヒージェリーフラペチーノ」を販売したいと打診があったのです。

ご存知のとおり、今では「コーヒージェリーフラペチーノ」は日本のスターバックスの夏の定番商品としてすっかり定着していますが、この商品の歴史には、このような日本人スタッフの熱い開発秘話があったのでした。

今や世界に広がるスターバックスのチェーン――。

たとえば豆の仕入れなどが世界規模で行われるなどして効率化をめざしたシステム化が進むと、日本独自の商品が出しづらくなっていくという、いわゆる大企業病とスターバックスも無縁ではありません。

しかし、ここに登場した開発担当スタッフのように、常に目の前の顧客の方を向いて考え、自らの仕事に誇りを持って突き進み、摩擦を恐れず、ディスカッションする人材がいる限り、大企業病は克服されることでしょう。

日本発のオリジナル商品は当初、フードやマグカップ、タンブラーなどのリテイル商品などのグッズが専らでした。しかしビバレッジに関しても、先の開発担当スタッフのような奮闘もあってか、徐々に増えつつあります。

「クレームブリュレマキアート」や「ほうじ茶ティーラテ」がそうですし、直近では「YUZUグリーンティーフラペチーノ」も日本オリジナルのビバレッジ商品です。

定番「SAKURAシリーズ」は2010年で9回目を迎えた日本らしいキャンペーン商品ですが、これまで桜をモチーフにしたマグカップやタンブラーやコーヒー器具などにとどまっていました。

ついに9回目にして「さくらスチーマー」と「さくらクリームフラペチーノ」という念願の〝さくらドリンク〟の商品開発に成功し、販売にこぎつけました。これは本物のさくらの花と葉、そして抹茶とこしあんパウダーを使った本物志向のドリンクです。桜の香りがほんのり漂い、飲むうちに口のなかにミルクの甘さと甘じょっぱい桜の風味が広がり、「飲む桜もち」といった風情あふれる商品に仕上がったのです。

アメリカからやってきたスターバックスは、食の異文化圏である日本の良さを巧みに取り入れつつ、独自の成長を続けているのです。

※「抹茶クリームフラペチーノ」と「コーヒージェリーフラペチーノ」の開発秘話は『DIME・第77回「勝ち組」商品のヒット開発列伝UNDONCON』（2009年7月21日号・小学館）を、SAKURAシリーズについては、HP・WALKERPLUSを参考に構成しています。

## 日本進出で得た〝スターバックス体験〟を足がかりに世界一のカフェへ成長

今や世界最大のコーヒーチェーンへ成長したスターバックス。

そのスターバックスが大切にしている言葉の一つにスターバックスエクスペリエンス（スターバックス体験）があります。

これは来店したお客様に美味しいコーヒーを提供し、楽しみながらくつろいでいただくという体験を指しています。

そしてこのお客様に提供するスターバックス体験を通して、スターバックスのスタッフであるパートナーはどのようにすれば、その体験がお客様にとってかけがえのないホスピタリティとなるのかを個人、個人で学んでいくのです。

お客様にこうした体験を提供するには、「こんな時はこうすればいい」という画一的なマニュアル的な応対では表現できません。ホスピタリティにあふれたサービスを提供するには、個人裁量で対応するしかないのです。ちなみにスターバックスに接客サービスマニュアルがないのは、こうした考えに基づいています。

北米以外の初の海外出店である日本における事業経験——。

これもある意味で、経営側にとってのスターバックスエクスペリエンスといえるでしょう。

海外のスターバックスを統括するある幹部は述べています。

「多くのアメリカの会社では、事業や商品を海外に輸出する際、相手国に受け入れられるどうか、その国の独自性などをあまり理解せぬまま、自国のコンセプトで輸出する傾向があります。しかし、国によってベースとなる人の価値観や心情は異なるので、それらを尊重する必要があります。そしてそのことをスターバックスは北米外の初の出店となった日本での事業経験から学びました」〔『スターバックス大解剖・日本の10年から世界のスターバックスへ』（柑出版社）〕と。

とくに日本では、店舗でコーヒーを提供するにあたってのオペレーションの注意点、ドリンクをつくる際の準備、包装、カップの出し方といったディテール（細部）への配慮、そして舌の肥えた日本のお客様を満足させるコーヒー、ビバレッジ、フードなどの商品開発が求められたと当時を振り返っています。

しかし結果的には、厳しい日本のお客様に鍛えられたおかげで、その後の海外進出にあたって日本での事業経験を活かすことができたというのです。

「人としての価値観や人としての心のつながりは世界共通です。こうした普遍的なものを大切にしつつ、世界中の国それぞれの文化・習慣に敬意を払っていくこと。こうした要素が、スターバックスがグローバル企業として歩むうえで、とても大切なことだと思っています」とも先の幹部は語っています。

共通する価値観と差異を日本進出、そして日本のお客様に受け入れられて習得したことが、その後、世界最大のコーヒーチェーンとして成功する大きな要因となったことがわかるのです。

# part 4 スターバックスはなぜ高くても売れるのか

## ★価格競争に巻き込まれない、それがブランド力があるということ

２０１０年初頭、スターバックスはほぼ全店で４月中旬までの限定・割引キャンペーンを実施すると発表しました。

この割引キャンペーンはドリップコーヒー（ショートサイズ＝２９０円）の注文客を対象に、購入当日ならば、レシートを提示すれば、購入店舗以外でも２杯目を１００円で提供するというサービスでした。

このニュースが流れたとき、世間では二つの反応があったといわれています。

一つはあのスターバックスもこのデフレ不況の中、割引をせざるを得ないのか、という反応でした。

そしてもう一つは、さすがスターバックス。

あくまでも一杯目の価格は下げずに、お店に足を運んでいただくことで顧客の呼び戻しと新規顧客の獲得をめざすのか、という反応でした。

スターバックスではこれまでにも、マグカップやタンブラー持参のお客様に対して、

通常、飲料20円引きを実施しています。そしてこの通常割引を期間限定で50円引きにするなどの割引キャンペーンを行ったこともあります。その間、タンブラーの売れ行きも好調で集客率も相乗効果で増えたという実績がありました。

スターバックスコーヒージャパンの岩田松雄（当時）社長は、2009年10月4日の朝日新聞の記事で応えています

「低価格戦略は考えていない。スターバックスが提供するのは、コーヒーだけでなく、癒しの空間や上質な時間。強みに磨きをかける」

その当時から日本マクドナルドをはじめとしたファストフード店のコーヒー無料配布キャンペーンで攻勢をかけられていましたが、これに対しても「これまでコーヒーを飲まなかった人が（コーヒーを）知る機会になる。（この人たちが）より良いコーヒーを求めれば我々にはチャンス」と話しています。

その言葉には、いかに価格を下げずに、スターバックスのコーヒーを他のコーヒーチェーンやファストフードと差別化するか、高価格戦略を貫いてきたスターバックスの

ブランドとしての矜持（プライド）が感じられます。

その後も、岩田（当時）社長は明言しています。

「価格競争に加わることはありません。それはスターバックスはブランドビジネスだからです。スターバックスは人とコーヒーと雰囲気の三要素が組み合わさったブランドなのです。ブランドとは価格以上のモノを提供しているわけですから、価格を下げることはお客様に対して約束違反。あっさり下げるのはよくないです」（『日経MJ』2009年12月28日）

これらのコメントからもスターバックスが実施する割引キャンペーンは低価格競争に加わるのではなく、あくまでも期間限定の集客率アップ、新規顧客獲得のための、集客戦略の一環であることがわかるでしょう。

## 価格戦略について、アメリカで得た教訓

スターバックスがなぜ、価格競争に加わらないのか？

その答えの一つに、１９９０年代、アメリカにおいて体験した「お客様感謝デー」から得た教訓があるからだといわれています。

歳末セールに先駆けて「お客様感謝デー」と称してセールを行い、ドリンクとコーヒー豆を除く、すべての商品を20％オフにしたのだそうです。結果、記録的な売り上げを達成しましたが、一方で数々のトラブルも発生したのです。

第一は、スターバックスも値下げをすることがあるということがお客様の心に浸透したことです。

第二にパートナーが善意から、常連お客様に事前に感謝デーのことを伝えたため、その日まで商品を取り置きする方がいたので、以前の数週間の売り上げが激減したのです。

第三に当日、配送センターから店舗に商品の補給が間に合わず、供給ネットワークが

大混乱したのです。

店舗にストックできるスペースも限られるため、感謝デーの翌日の分の商品をストックできず、翌日、十分な商品を並べられなかったため、「お客様感謝デー」の後に控えた大切な歳末セールの時期にどれほどの売上を逃したかわからないというのです。

たった一日のセールが供給ネットワークを混乱に陥れ、セール以降の通常販売の機能に支障を来たす――。

これだけを見れば、商品や在庫の供給システムの整備や見直しで翌年以降、フォローできるのではと考えがちですが、スターバックスはそうは考えなかったのです。

スターバックスが注目したのはそこではありませんでした。

お客様に提供する完璧な一杯のコーヒーを作り上げ、お客様に心から満足してもらうことに気を配れなかったことだったのです。

そうしてスターバックスはセール販売をやめたのだそうです。

翌年、セールしないことに不満を漏らすお客様もいたようですが、また1年が過ぎ、セール販売はいつしか忘れられていったのです。

アメリカの大手スーパーチェーンのウォルマートのように、Every Day Low Price（毎日が低価格）戦略を掲げ、常に一定の低価格で提供し、お客様から支持を受ける業態や店舗もあります。豊富な品揃えで低価格の提供を実現するには、常に大量仕入れ、大量販売により、コスト削減に気を配らなくてはなりません。

しかし、スターバックスは、コスト削減に捉われることによってコーヒーの品質や接客サービスやホスピタリティが低下することを恐れたのです。

スターバックのコーヒーは、激安のお弁当やランチなどよりも高かったりします。だからこそ「**一杯のコーヒーを提供するにあたっては、価格相応の、いやそれ以上のサービスをしなければ**」とスターバックスのスタッフ（パートナー）たちは自らに言い聞かせなければならないのです。

アメリカのスターバックスで8年間、マーケティングに携わったジョン・ムーア氏はその著書『スターバックスに学べ！』（ディスカバー）で次のように述べています。

スターバックスが価格を下げるとなると〝完璧なエスプレッソ〟がその犠牲になるだろう。カウンターにいるバリスタの情熱とプロ意識もなくなってしまうに違いない。店内に流れる音楽、柔らかい照明、洒落た装飾、快適な椅子。これらすべてが価格の犠牲になってしまう。

ムーア氏は、「スターバックスが販売するドリンクには90％以上の十分な利幅があるので、顧客エクスペリエンス（顧客のスターバックス体験）に力を入れることができる」とも述べています。

これは、ただ単に美味しいコーヒーを安く提供することは可能である――、しかしそれではただの美味しいコーヒーであり、スターバックスが提供する意味はないということなのです。

安易に価格を下げれば、そう簡単にはもとの価格には戻せないものです。

十分な利幅のある高い価格設定だからこそ、顧客満足度の高いホスピタリティが提供できるということなのです。

## スターバックスのブランドはいかにして作られたのか

スターバックスというブランドはいかに定着したのか──。

ムーア氏は前述の著書でブランディングについて次のように述べています。

意外に思うかもしれませんが、スターバックスはブランドをつくろうとしたことはない。ただ美味しいコーヒーに対する理解を得ようと熱意を持って取り組んでいただけだった。

（中略）

スターバックスは最高品質のコーヒー豆の調達とロースト（焙煎）に必死だった。濃厚で力強いコーヒーを楽しむ方法を顧客に伝えるのに必死だった。顧客が居心地よくくつろげる空間をつくるのに一生懸命だった。とてもブランディングについて考える暇などなかったのだ。［『スターバックスに学べ！』ジョン・ムーア著（ディスカバー）］

ムーア氏は、バリスタは、顧客とコーヒーの品種や産地、味の違い、ロースト作業など、コーヒーについての会話を交わすことができなければならず、良いコーヒー豆を選び、完璧にローストし、挽き方に苦慮し、挽いたコーヒー粉と水の割合には正確を期し、さらに水は高純度なものとし、正確な抽出時間で淹れたてのコーヒーを提供しなければならなかった、と言葉を続けます。

そしてコーヒーを味わう空間は、清潔で、商品を中心に据え、落ち着いた暖かい雰囲気にした、すべてはブランディングではなくコーヒーを味わうときに体験することを考えてのことだったと述べています。

一方でオシャレなロゴをつくり、予算をかけて、イメージを高めることでブランディングができると考え、広告代理店などに依存し、マーケティング戦略や広告キャンペーンを展開する企業をムーア氏は痛烈に批判します。

彼らの焦点は、商品に対する情熱から商品の「外見」に対する情熱にすり替わってしまっている。（中略）事業内容ではなく、ブランドに予算をかける企業は事業内容こそがブランドだと気がついていないのである。[『スターバックスに学べ！』ジョン・ムーア著（ディスカバー）]

そしてムーア氏はスターバックスのブランディングについて、結論に到ります。「事業をつくらずしてブランドをつくることはできない。この二つは同時に起こる。事業を築いていくうちにブランドが生まれてくるのだ」と。

興味深いのは、創業者であり、現CEOのシュルツ氏も彼の言葉を裏書きするかのように、「ブランド経営は生涯の仕事です」と述べていることです。

「ブランドは非常に脆いものですからね。スターバックスに限らず、成功しているブランドはいつまでも成功を保証されているわけではありません。だからこそ日々努力するのです」と。

選び抜いたコーヒー豆から丁寧に、バリスタが香り高いエスプレッソドリンクを作り、ここちよいコーヒーハウスでお客様に日々、提供することで、日用品であるコーヒーをスターバックスはブランドに育て上げたといえるのです。

## 街のランドマークとしてのスターバックス

スターバックスは日本進出当初、前章で紹介したスターバックスコーヒージャパン・創業者の角田氏の「一等地の中でも、二番手くらいの場所がいい」との言葉どおり、慎重な出店戦略を展開していました。

記念すべき1号店は銀座松屋の裏通り。そして2号店は、ビジネスマンや学生が行き交う御茶ノ水。そして3号店は、ビジネスマンや旅行客が訪れる八重洲地下街。4号店は都心から離れた郊外の町田の百貨店内とさまざまな客層に向けた出店への反応を図りながら、店舗ネットワークを構築していきました。

第1号店の出店から2年後には大阪に関西地区第1号店がオープン。

2000年には名古屋に東海地区第1号店、福岡に九州地区第1号店、仙台に東北地区第1号店、岡山に中国地区第1号店と日本各地に出店を始めます。

とくに2001年から出店が加速していき、同年に100号店、2002年1月には200号店、同10月には300号店、2003年に500号店、2006年600号店、

２００７年には８００号店と出店が進み、２０１０年４月末現在、日本全国に８８０もの店舗があります。

今年６月には、これまでスターバックスのなかった徳島県に「徳島駅クレメントプラザ店」がオープン。これでスターバックスのない県は青森県、山形県、鳥取県、島根県の４県となりました。

リーマンショック以降、出店ペースは少しペースダウンしましたが、それでも他のコーヒーチェーンやファストフード店に比べ、スクラップ＆ビルドが少ないのが大きな特徴です。

スターバックスの快進撃と共に日本に根づきつつあるカフェブーム、もしくはスターバックスブームはスターバックスの出店戦略に恩恵とも言うべき相乗効果をもたらしつつありました。

あまり知られていないことですが、隠れた人気を誇るのがビジネスホテルへのテナント出店なのだそうです。

これはある名古屋のビジネスホテルでの話——。

どうという特徴もないごく普通のビジネスホテルでしたが、スターバックスが1Fに入ったところ、ホテルの利用客以外の周辺のビジネス街で勤務する人たちの集客が増え、ホテルそのものの格付けが上昇。

その結果、ホテルの集客率が目に見えて上がり、そのエリアで一、二を争うビジネスホテルとなったそうです。

ビジネスホテルとしても喫茶やレストラン部門をホテル内に抱えてコストをかけ、採算が合うかどうかに思い悩むよりも、テナントとして募集し、集客率を上げることで、先のような効果が出れば、これ以上のメリットはないでしょう。

喫茶専門誌の編集者によると、大手スーパーマーケットのIグループでは、スターバックスの出店にあたっては破格の家賃待遇で歓迎している、というまことしやかな噂が流れているそうです。

このような噂が現実味を帯びて語られるほど、ホテル・流通系ではテナントとして、スターバックス・ブランドを欲しているというのは確かなようです。

ＪＲや東京地下鉄、私鉄などの交通インフラ分野では線路の高架化などに伴う駅ビル・駅ナカの再開発が注目される中、各種テナントに集客力のある店舗の勧誘が必須となっています。

最近、スターバックスと同様にターミナル駅の駅ビルへの出店で注目を集めているのが高級スーパーチェーンに「成城石井」があります。

２０１０年４月、ＪＲ東日本が高級スーパーチェーン「紀ノ国屋」を完全子会社化したのも、集客力のある店舗を求めるこうした流れとは無縁ではないでしょう。

以前は、テナントに出店する側がこうした場所への進出を期して、攻勢をかけたものですが、近年では逆転現象も起きているようです。駅ビルや名物ビルがランドマークとなるのではなく、こうした人気のブランドがテナントに入っていることが、エリアのランドマークとなるための必須条件となりつつあるようです。

## 進化するスターバックスの新たなカタチ・その1　ブックカフェ

前章でスターバックスには、さまざまな店舗の形態があり、アメリカ本国では実現されていないものも含め、100を超える店舗設計図があると述べました。

2003年、「日本でもついにこのカタチのスターバックスが生まれたのか」と思わせる、本を自由自在に読めるブックカフェ形式の店舗が、六本木に出現しました。その店の名は、TSUTAYA TOKYO ROPPONGI店。いわずとしれた六本木ヒルズにあります。

アメリカでは大手書店バーンズ&ノーブル社とスターバックスが提携しており、ブックカフェは当たり前のように存在しているといいます。

この六本木ヒルズのソフト部門の開発にアドバイザーとして関わり、まずブックストア、そしてそれをカフェのようにコーヒーを楽しめる空間とすべきと提案した人物がいました。

石川次郎氏――。

マガジンハウスに在籍時代、若者のカタログ文化を創った『ポパイ』『ブルータス』、さらに新たなライフスタイルを提案した『ターザン』『ガリバー』を創刊した名編集者でした。

海外の事情通でも知られた彼の頭の中にあったのは、まさしくアメリカのバーンズ＆ノーブルとスターバックスが提携したブックカフェでした。

ある雑誌のインタビューで「L．A．の友達が美味しいコーヒーを飲ませてあげるといって連れて行ってくれたのがサンタモニカのスターバックス。そこは本屋のバーンズ＆ノーブルといっしょになった店でね、そこに限らず、外国に行くと本屋とコーヒーショップがいっしょになっているのは当たり前で、日本にそういうのがないのが不思議だったんだ。だったら作ればいい。あとは理解ある協力者を探すだけだった」〔『スターバックス大解剖・石川次郎が通う、マイ・スターバックス』（柑出版社）〕と当時を振り返っています。

彼のそんな思いに理解を示したのがスターバックスであり、TSUTAYAでした、もちろん、アメリカのバーンズ&ノーブルとスターバックスと同じでは彼としては面白くありません。

そこで彼は思いきった選択をします。

ベストセラーも含め、小説類は置かないこと。
ジャンルは分けるが、和書と洋書は混在させること。
ジャンルは料理、ホビー、ヘルスなどライフスタイルに特化すること。

というものでした。

それは今では浸透しつつある、**本のセレクトショップ**の先駆けであり、エディター・石川次郎の面目躍如のプロデュースとなったのです。

書店側にはブックカフェということで、本が汚されるのではとの懸念もあったようですが、それは杞憂に終わりました。

石川氏も先のインタビューで「ここ(スターバックスのこと)に来る人のマナーはと

てもいい。持ってきた本をていねいに見て、また戻してくれる。これだけ自由にしているのに、客の質が高いってことだね。それにスターバックスの雰囲気が重要だね」と述べています。

美味しいコーヒーと寛げるソファ、そして本……。読書好きにはたまらない空間であり、スターバックスだからこそ実現した空間であり、店舗だともいえます。

その後、2005年3月、スターバックスはTSUTAYAの親会社であるカルチュア・コンビニエンス・クラブとブックカフェをコンセプトとした店舗展開について正式に合意を結びます。

そして現在、ブックカフェ形式のスターバックスは東京都（品川区・渋谷区・世田谷区・千代田区・港区）に6店、神奈川県（横浜市）に2店、長野県（松本市）に2店、大阪府（大阪市、寝屋川市、枚方市）に4店、福岡県（福岡市、博多区）に2店あるほか、静岡県（浜松市）、愛知県（知多郡）、京都府（京都市）、和歌山県（和歌山市）、北海道（札幌市）、宮城県（仙台市）、愛媛県（伊予郡）、佐賀県（鳥栖市）に各1店あり、全国で24店舗もあります。今後もブックカフェ形式のスターバックスが増えていくことでしょう。

TSUTAYA TOKYO ROPPONGI店のプロデュースに成功した石川氏はもう一つの新しいスターバックスを創り上げています。

それが玉川高島屋S・C店に設けられたトドラーズラウンジです。

これはタカシマヤを訪れる知的でオシャレな子連れのお母さんがベビーカートを押して気軽に入店し、寛げるようにと作られました。

トドラーとは「よちよち歩きの子ども」を意味し、もともとは服飾用語で赤ちゃん以上、小学生未満を指します。

ラウンジの床材には通常の磁器タイルに代わってコルク材を使用し、子どもが転んだときの対策とし、椅子やテーブルも子どもの体格に合わせて配慮しました。

子どもが安心して過ごせるスペースがあるからこそ、お母さんが気兼ねなく入れるようにしたのです。

ラウンジの主役はあくまでもお母さんに焦点をあてたことがミソでした。

石川氏は「子ども連れのお母さん、ウェルカムっていうスターバックスを目指したんだ」とも述べています。


またネーミングも秀逸でした。どこかで聞いたことがあるようなキッズラウンジやチャイルドラウンジ、お子様ラウンジといった名前では、きっと子どもが走って騒ぎ回るスペースとなったかもしれません。耳慣れないネーミングが〝ニコタマダム〟に新鮮でオシャレに響いたのかもしれません。
スターバックスでは店頭などでもあまり、このラウンジの存在をアピールしていませんでしたが、口コミ効果は絶大で、オープン後、瞬く間に人気のスペースとなっていったのでした。

アメリカのスターバックスで、ドライブスルー型店舗が初めて生まれたのは、カウンターでパートナーと小さな子連れのお母さんが、「子どもに手がかかるので、お店でコーヒーを楽しむ余裕がないわ」と会話を交わしたのがきっかけでした。そんなお母さんのために、家で落ち着いてスターバックのコーヒーが楽しめるようにとの考えで発案されたのだそうです。

日本を訪れてトドラーズラウンジの存在を知ったシュルツ氏は「何でアメリカ本国にはこういうスターバックスがないんだ」と驚いたそうです。
トドラーズラウンジという日本オリジナルの店舗開発がアメリカ本国よりも一歩先を行く、寛ぎの空間を提供していたのですから……。

## 進化するスターバックスの新たなカタチ・その2　公園内店舗ほか

ブックカフェ「TSUTAYA TOKYO ROPPONGI店」が作られたのと同じ月に茨城県守谷市で国内初のドライブスルー型店舗が作られています。

またそれ以前の2001年、スターバックスはグループとして世界初のコーヒー豆とコーヒー抽出器具の販売に特化したホールビーンストア1号店を東京・新宿（小田急ハルク店）に出店します。

もともとアメリカでの創業時（厳密には前身）、コーヒー豆専門店として出発したスターバックス。

しかし、意外なことにそれまでアメリカではコーヒー専門店としての出店はなく、ホールビーンストアは日本市場で発案され、アメリカ本社のサポートを得て、発進することとなったのです。

現在、ホールビーンストアは、玉川高島屋S・C店、またブラックエプロンのバリスタがいるカフェ&ホールビーンストア（東京・新宿マルイ本館2階店、神奈川県横浜市・たまプラーザテラス店）に継承されています。

最近では、2008年9月に富山の富岩運河環水公園に公園内店舗としては初の出店となる富山環水公園店を出店しています。

直近ではこの公園内店舗の進化系店舗として福岡大濠公園店が出店されています。福岡大濠公園店では内外壁や家具に木材を使用していますが、その一部は環境配慮型商品として認められるFSC認証を受けた木材を使用。とくに九州産の木材を使用することで、木材運送中に発生するCO2抑制に努めています。

また、高窓を設け、柔らかな自然光を採り入れ、日中の室内照明効果を上げ、電力消費量を低減するほか、コーヒー抽出後の豆かすを間伐材と混成して成型したオリジナルボードを天板としたテーブルもあります。

またこの豆かすと公園の落ち葉で堆肥を作り、公園の緑づくりに役立てる試みを進めるなど、環境負荷の低減をコンセプトとした今後のスターバックスの店作りの新たな形を指し示しています。

スターバックス コーヒー ジャパンの岩田（当時）社長は、失敗を恐れず新たな立地創造を明言。「新しいスターバックスの店を作って行きたいです。本国からの許可は必要ですが、必ずしも画一的な店作りでなくてもいいと考えています。『えっ、これがスターバックスなの』という店もあり得ます。地域地域に合わせた自由度の高い店にしたい」（『日経ＭＪ』２００９年12月28日）とも語っています。

公園内への二つの出店はそれが早くも実現されたともいえます。

また神戸北野異人館店や京都烏丸六角店のように、登録有形文化財の建物そのものを生かした店舗や、周辺の文化財と調和した店作りに実績のあるスターバックスであるだけに今後の展開が楽しみになってきます。

## なぜグランデを買った方がトクなのか

エコノミストの吉本佳生氏の著書にベストセラーとなった『スタバではグランデを買え！』（ダイヤモンド社）という本があります。

一見するとスターバックスという企業やその商品を題材として書かれた経済学の本かと思われがちですが、スターバックスについて書かれたのは、まえがきと第5章のみ。サブタイトルに「価格と生活の経済学」とあるように携帯電話の複雑な料金体系や一〇〇円ショップの安さの秘密など、モノやサービスの値段がどのように設定されているかを経済学というフィルターを通して解き明かしています。

スターバックスについての記述では、どの商品もショート（240cc）とグランデ（480cc）では容量が二倍になるにもかかわらず、料金は100円しか変わらない点に着目し、お客様はグランデ（もしくはその上のベンティサイズ）を選ぶほうが、お得であると指摘します。

一方、お店側もコーヒー豆の原価そのものがそれほど高くないこと、そして、コーヒーを入れる際、バリスタの手間が、グランデならショートを二回分入れるところ、一回で済む計算となり、また客単価も必然的に上がるので、お店側の利益率も結果的に上がることとなります。

店側の利益率が高くなると、お客様側にとって損ではないかと考えられるケースが往々にしてあります。

しかし、吉本氏は同著で「追加の240ccがプラス100円で飲めるのですから、それが損なはずはありません。

一度にたくさんのコーヒーを飲みたいと思っている客にとってかなりお得な価格設定であることは事実なのです」と述べています

結果、お客様側とお店側双方にメリットのあるサイズがグランデだというのです。

吉本氏は、取引されるモノやサービスの価値に対する支払い（材料費など）以外のコスト（例えば人件費など）を取引コストと呼び、これをいかに節約するかで、お客様と企業の双方がWIN－WINの関係になれる鍵を握ると考えられているようです。

一般にカフェの場合、コーヒーなどの原材料にかかるコストはさほどでもなく、むしろ人件費の占める割合のほうが大きいといわれています。

スターバックスではバリスタがコーヒーそのものを入れるという作業はほんの数分に過ぎず、この時間だけを取り出してみれば、人件費はさほど高くならずに済む計算となります。

むしろ来客に備えた待機や準備、片づけをする時間にかかる人件費のほうが、利益を直接、生むわけではない分、高くなるのです。

常にお客様が来店し、グランデをお客様が注文されると客単価が上がり、高い利益率がもたらされ、お客様も満足する――、こうした意味でスターバックスのグランデの価格は取引コストの節約を考慮したきわめて合理的な設定となっていると吉本氏は結論づけています。

この本はモノやサービスの値段がどのように決められているのか、値段という視点から社会の仕組みが学べる経済学の本としてベストセラーとなりました。

本の内容そのものの充実ぶりに加えて、モノの値段の仕組みの意外性を端的に、また親しみやすく、少しオシャレに感じてもらうために、「スターバックス」の「グランデ」という言葉をタイトルに使ったことも大きな理由と考えられます。

この本のおかげでグランデサイズが爆発的に売れるようになったとは聞きませんが、それでもスターバックスの商品価格の妥当性と合理性は、これまでスターバックスを訪れていたファン層はもちろん、あまり訪れたことなかった人にも広く認識されたことでしょう。

また、出版関係者や書店関係者の間では、スターバックスの名前がつく本は一定の販売部数が見込めるとの噂もあるとか、ないとか……。

やはりデフレ不況のさなかでも、低価格競争に加わらないスターバックスのブランド力の秘密を知りたいという読者やスターバックスという企業そのものへの固定化したファンが多いからなのでしょう。

今、現にこうして書かれているこの本もそうではないかって？

いえ、そんなことは……。

## スターバックスのコーヒーは、なぜ高くても売れるのか？

デフレ不況でモノが売れなくなると、つい、値段を下げなければと思いがちです。しかし、なぜ決して価格を下げないスターバックスに人は集まるのでしょう。

その要因が、コーヒーの品質、そして家と学校・職場とも違うゆったりとくつろげる第三の場所（サードプレイス）としての高い評価、そしてパートナーのホスピタリティの高さであることは何となくわかります。

これはマーケティング理論のVA（価値分析）の手法や顧客価値の公式にあてはめると、よりわかりやすいかもしれません。

基本的にはお客様にとってスターバックスのコーヒーから得られる満足感・利益（ベネフィット）が支払価格（コスト）より大きくなればなるほど、スターバックスの価値は高まります。

スターバックスのようなカフェの場合は、コーヒーそのものの品質に加えて、コーヒーを楽しむ場所やサービスといったもう一つのベネフィットに、また買い物にかかる時間などの手間がもう一つ、コストとして加わります。

たとえば細かい注文は一見、時間もかかり、手間にも思えますが、スターバックスはこの一連の注文をカスタマイズと称して楽しいやり取りに昇華し、コストというより、むしろ新たな魅力としています。

お客様はこうしたことから、スターバックス・ブランドなら、多少高くても、楽しいやり取りができ、ここちよい空間で、ゆったりとした時間を一杯のコーヒーと共に過ごすということに大きな付加価値を感じているということがわかるでしょう。

## スターバックスの広報戦略

スターバックスは、あまり広告キャンペーンをやらないことで知られています。これはアメリカ本国もそうですし、日本のスターバックスもそうです。

広告代理店などに依存して、予算をかけて広告キャンペーンを展開するくらいなら、その予算を教育や出店、店舗のリニューアルなどに振り分けて使うというのが基本的な方針のようです。

しかし、まったく広告・宣伝を打たないわけではありません。その広報戦略は十分に効果を見極めて練られているように見受けられます。

これまでに発行されているスターバックスのガイド本は知る限り、2001年7月発行の『スターバックス マニアックス』(小学館文庫・小石原はるか著)、2001年8月発行の『TITLE8月号・誰も知らないスターバックスの「秘密」』(TITLE8月号・文藝春秋社)、2002年4月発行の『STARBUCKS A to Z スターバックスのことならなんでもわかる総合ガイド』(ぴあ)、2007年3月発行の『スターバックス大解剖 スターバックスのすっごい真実、教えます』(エイムック・枻出版社)など文庫やムック形式が主です。

一連のガイド本では、スターバックスの歴史や、商品や店舗開発の秘話、そしてパートナーたちの取り組みから数々の商品、日本全国に展開する店舗などの様子など、スターバックスに関することが楽しくわかる仕掛けとなっています。

スターバックス コーヒー ジャパンが取材・写真撮影に全面協力しているだけに、丁寧な造りとなっているのが特徴です。

スターバックスには著名人のファンが多いことはご存知でしょうか？

思いつくままに上げると渡辺貞夫さん、土屋アンナさん、松任谷由実さん、ロバート・ハリスさん、石川次郎さん、IKKOさん、渡辺真理さんなどがスターバックスのファンであることを公言し、ガイド本やスターバックスの記事広告に登場しているのです。

ガイド本では数多くの著名人がスターバックスのコーヒーを片手に登場し、お気に入りの飲み物や飲み方、スターバックスのお店の利用法などを語っています。

また近年では、残念ながら惜しまれつつ、共に休刊となった『マリ・クレール』（アシェット婦人画報社）と『エスクァイヤ』（エスクァイヤマガジンジャパン）に記事広告を掲載しています。

『マリ・クレール』ではバリスタやストアマネージャー、商品開発や店舗開発に関わるパートナーが登場してスターバックスでの仕事を語るシリーズやスターバックスファンの著名人がスターバックスのさまざまなセクションに所属するパートナーと語り合うシリーズを展開。

『エスクァイヤ』では、スターバックスのコーヒースペシャリストがコーヒーについて語るシリーズなどを展開していました。

いずれも記事広告の体裁をとって、いわゆる広告臭いギミックを排し、等身大のスターバックスを伝えることに配慮した様子がわかります。

一般に著名人を登場させるとなると、ともすれば経営のトップや幹部クラスと女優が畏《かしこ》まって対談するといった、おざなりな記事広告企画が少なくありません。

しかし、スターバックスの記事広告には、もちろん、そのような企画は一切なく、著名人もスターバックスファンという位置づけで登場しているので一般のお客様と同様にスターバックスを利用し、スターバックスの風景に違和感なく、溶け込んでいる様子が伺え、好感度を高める完成度の高い記事広告となっています。

スターバックスの広報戦略における著名人の活用の仕方は、実は雑誌の編集方針に似ています。マガジンハウスの『アンアン』や『クロワッサン』などではそれぞれの雑誌でライフスタイルを提案する際には、必ず著名人を加えるという話を聴いたことがあります。

新たに提案するライフタイルに共感を抱いてもらうために著名人の力を借りるといったところでしょうか。

2009年、スターバックスは新たな媒体を発信します。同年11月には写真家・市橋織江さん、2010年6月には写真家・蜷川美花さんとのフォトワークと連動して『スターバックスアートマガジン×ビバレッジカード01』『スターバックスアートマガジン×ビバレッジカード02』という好きなスタバ飲料が飲めるビバレッジカード付きの写真集を世に送り出し、話題を集めています。

スターバックス コーヒー ジャパンが久しぶりに全面編集協力したスターバックス本だったこともあってか、『01』は発売半年で十万部を超える大ベストセラーとなったとの噂もあり、宣伝効果は絶大。その先見性に対して、出版不況、広告不況に見舞われている出版・広告業界では羨望の眼差しで見られています。

『02』がこの6月発売されましたが、その部数がどこまで伸びるのかも注目されるところです。

*part* 5

# スターバックスはなぜ早くから環境・社会貢献に取り組んできたのか

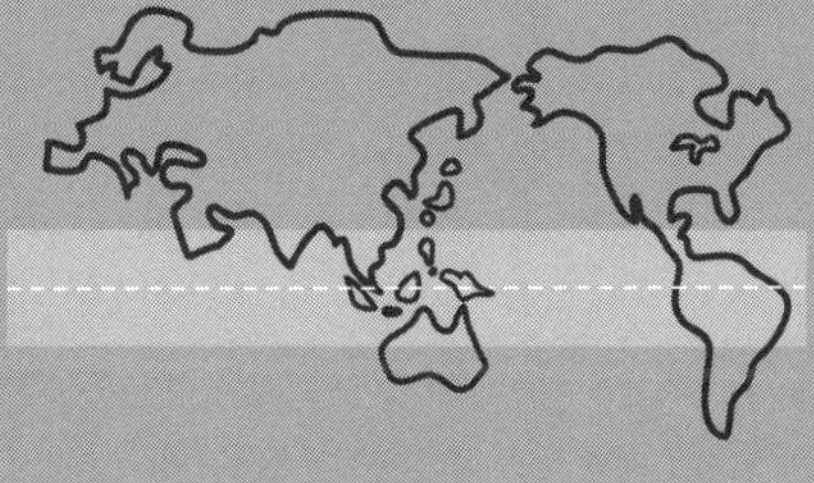

## ★スターバックスのフェアトレード認証コーヒー購入への取り組み

スターバックスは早くから、さまざまなCSR活動――企業としての環境・社会貢献に取り組んできた会社としても知られています。

スターバックスが展開してきたCSR活動は、

・**コーヒー生産地への貢献**
・**環境への取り組み**
・**コミュニティ（地域社会）への貢献**

の三つのテーマに分かれています。

これまでコーヒー生産地では、大手コーヒーメーカーや中間業者らの不当な買い取り価格による搾取《さくしゅ》が横行していました。この状態がこのまま続くと、コーヒー生産者は痩せ細り、品質や安全面さらには安定的な供給にも問題が生じかねません。

こうした背景のなかで最高級のコーヒー豆の提供をミッション（使命）とし、世界中のコーヒー農園を視察するスターバックスでは、自らが定める品質規準に適合するコーヒー豆の供給を長期的かつ安定したものとすることに苦慮する一方で、コーヒー生産者の生活水準の向上にも配慮してきました。

発端は国際協力ＮＧＯ・ＣＡＲＥ（the cooperative for assistance and relief everywhere）の役員の要請から。

スターバックスの店舗のパンフレットからＣＡＲＥの支援国とスターバックスのコーヒーの生産地が一致していること、コーヒー生産地を訪れるたび、スターバックスの経営陣もコーヒー生産者の貧困状況を痛感していたことから、双方が一致して１９９１年よりＣＡＲＥを通じ、小規模農園の賃金保障を行うなどの支援活動を始めたのです。

しかし、まだ、小規模のコーヒー農園の生産者と公正な価格取引を取り決めたフェアトレードコーヒーを取り扱ってはいませんでした。

１９９９年11月、ＷＴＯの会議がシアトルで開催されたこともあり、他のＮＧＯから、フェアトレードなどの取り組みが不十分であるとさらに非難・批判を受けます。

これはある意味でスターバックスがグローバル企業のシンボル的存在となった代償でもありました。

スターバックスではこれらの非難・批判を謙虚に受けとめ、さらにプロセスを踏んで「コーヒー生産地への貢献」を深めていきます。

まず力を入れたのが、フェアトレード認証コーヒーの購入でした。

2000年4月にフェアトレードの独立第三者機関からフェアトレード認証コーヒーの買い付け・販売のライセンスを取得。

アメリカでは同年十月から、日本では2002年10月からフェアトレード認証コーヒーを販売しています。

また2000年にはメキシコの小規模コーヒー農園の日陰栽培によるコーヒー豆の取り扱いを始めます（日本では2001年から）。

これは森林を伐採してコーヒーの木を栽培する大規模プランテーションとは異なり、環境を破壊することなく、生物の多様性を保ちながらコーヒー豆を栽培できるため、環境保全などの貢献にも繋がります。

2003年にはC・A・F・E・プラクティスを定めています。これはコーヒー豆のサプライヤー（生産者、協同組合、輸入業者）を社会、環境、経済など28の指標で評価し、より多くの基準を満たした業者から優先的に購入するというプログラム。

これによりスターバックスはコーヒー生産者および生産地域とお互いに利益がもたらされる良好な関係（長期的な契約）を築き、長期的に高品質なコーヒー豆を生産・調達できる持続可能なモデルが定まりつつあるのです。

スターバックスのフェアトレードコーヒーについては、フェアトレードを扱う各種NGOやNPOから、まだ取扱量が少ない、店頭の販売価格に比べ、コーヒー豆のキロ当たりの買取り価格が低すぎる、などの批判があるようです。

しかしスターバックスはフェアトレード認証コーヒーの購買量を徐々に増やし、2009年度にはFLO（国際フェアトレードラベル機構）によれば、早くも世界最大のフェアトレード購買者となっています。

今後もフェアトレード認証コーヒーの購入を増加させていくとも公言しており、その推移を見守っていきたいものです。

ちなみに日本のスターバックスでは現在、フェアトレード認証コーヒー「カフェエステマブレンド」、日陰栽培コーヒー「シェイドグロウンメキシコ」が購入できます。

また毎月18、19、20日はフェアトレードコーヒーの日となっており、店頭では、「本日のコーヒー」で味わうことができます。

## スターバックスが取り組んでいる身近な〝エコ〟

スターバックスはエコロジー、環境保全に関してもさまざまな取り組みを行っていることでも知られています。

まず店頭では、お客様が希望すればリユース容器（陶器のマグカップ）でドリンクを提供しています（店舗やドリンクの種類、マグカップのサイズなどで取り扱いできない場合もあり）。

マイカップ（マグ、タンブラー、水筒）持参のお客様には資源節約ご協力のお礼として20円値引きしている他、コーヒー豆の購入に際しても、コーヒーバッグを持参すればBEANS CARD（ビーンズカード）へのスタンプサービスを実施しています。

店側が一方的にエコを押し付けているのではなく、あくまでお客様側が希望する場合に限っており、選択できるようにしているのが、ミソとなっています。

また夏至の日やクリスマスなどでは店舗照明を部分的に消す、**ライトダウンプログラ**

ムDelight in the Nightを実施。一部消灯（de-light）し、非日常的で楽しい（delight）空間を演出することでお客様とパートナーが地球・環境・コミュニティや気候変動などを考えるきっかけを提供しているのだそうです。

もちろん、お店主導の環境負荷低減の取り組みも行われています。

一部の店舗ではコーヒー抽出後の豆かすなどの食品廃棄物は循環資源化を実施しているほか、牛乳パックもリサイクルを推進しています。

店舗設計においてもＬＥＤを使用した看板、工期短縮、廃材の減量化に繋がるアルミ建材の活用、テラスとなるウッドデッキや外部用タイルに再生材料を使用するなどに努めています。

環境にやさしい資材の開発にも取り組んでおり、お持ち帰りの紙バッグは環境配慮型のペーパーバッグに。火傷防止用にカップを巻くスリーブやペーパーナプキン、カップ転倒防止用2カップトレーなどでは古紙のリサイクルペーパーや再生パルプを使用しています。その他、わかりやすい分別ゴミ箱も設置し、お客様にリサイクル協力を呼びかけています。

スターバックスにいけば、楽しみながら、自然にエコロジーができる――。

これからのサードプレイスにとっても欠かせない要素の一つといえます。

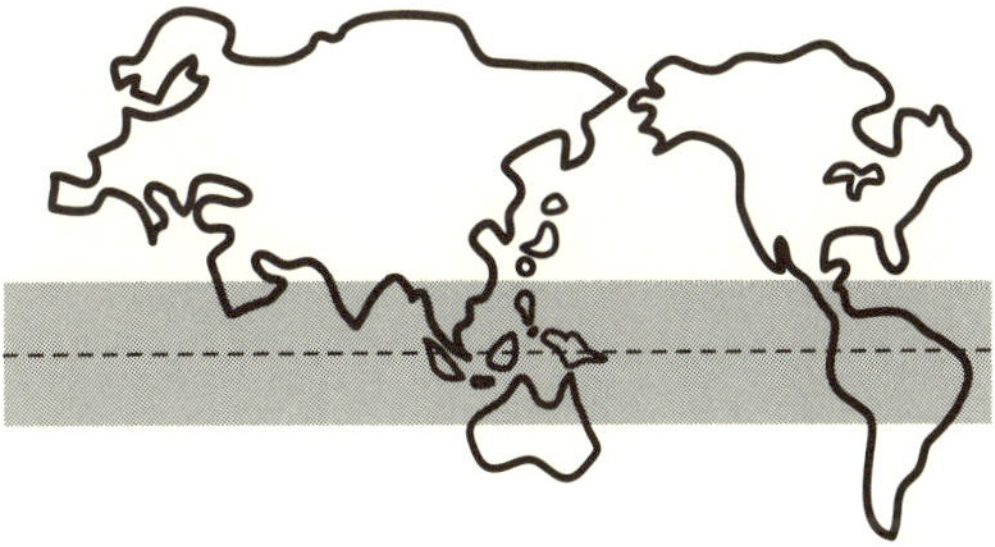

## ★コミュニティ（地域社会）とのつながりを深める自主的な活動を実践

スターバックスでは、お店ごとに地域との信頼関係を築く、**コミュニティコネクション**と呼ばれる自主的な活動を奨励しています。

多くの店で行われているのが、スターバックスの店舗周辺やオフィス周辺の**清掃活動**です。定期的に店舗周辺の清掃を行うパートナーは年間延べ４０００名にもなるのだそうです。

名古屋栄地区では近隣のスターバックスのパートナーがお客様といっしょになって町の清掃活動を行っています。

またバードウオッチングの名所で多様な生物が生息する福岡・和白干潟の清掃活動には福岡のパートナーが継続して参加しています。

昨今、公立中学校などのカリキュラムの一貫として行われている**職場体験**に協力しているスターバックスもあります。

２０００年から始められているこの取り組み。これまでに生徒の受け入れは、２００

件を超えるとか。中学生に指導する経験はなかなかないので、このプロセスはパートナーの視野を広げることとなり、またコミュニティとのつながりも深まる絶好の機会となっています。

すでに10年を経ているので、この職場体験を経て、当時の中学生がスターバックスのパートナーとなっているケースも生まれているのだそうです。

スターバックスの店内を利用したイベントを行っている店舗もあります。

地域のミュージシャンを招いた**ライブイベント**の開催は全国で定番となっており、年間延べ250回以上開催されているのだそうです。

地元のアーティストの**作品展示会**や小さな子どもに**絵本の読み聞かせ**をしたり、**工作**を行ったりする**キッズパーティー**を開催している店舗もあります。

小さな子ども向けのイベントでは、子育て経験のあるパートナーや子ども好きのパートナーがお世話をするので、お母さん方の休息と交流の場としても喜ばれています。

クリスマスなどのイベント前には「**ホリデードライブ**」といわれる試みを行うお店・パートナーもいます。「ドライブ」とは、ある目的を達成するために行うキャンペーンのこと。入院中の子どもたちのためにコンサートを行ったり、クリスマスツリーを作ったり、ギフトを届けたり、もしているのです。

全国のスターバックスが協力して取り組んだチャリティー活動もあります。

その一つが「**ブックフォートゥー**」。

スターバックスの店内にボックスを設け、不要となった本を提供してもらい、専門家に査定・買取りを依頼し、買取り金額全額を日本点字図書館に寄付しているのです。

これらの数々のチャリティー活動はいずれも、各店舗のストアマネージャー（店長）の裁量に任されて自主的に行われているというのが、スターバックスらしいところです。なかにはお客様も巻き込んで行われているというイベント、チャリティー活動もあるといいますから、いかにパートナーが楽しんで行っているかが容易に推測されます。

コミュニティ（地域社会）からの依頼やスターバックス側からの働きかけによって実現したものもあり、いかにそれぞれの店舗が、地域と一体化しているかがわかります。

## 2015年に向けた地球への約束、シェアードプラネットとはなにか

スターバックスでは、先にも述べたように企業の環境・社会貢献活動として、「コーヒー生産地への貢献」「環境への取り組み」「コミュニティ（地域社会）への貢献」という三つのテーマに分けて取り組んできました。

スターバックスではこの歩みをさらに加速するために、2015年という期限を設けて、シェアードプラネットという理念を発信。「地球への約束」として三本の柱を掲げています（以下はダイジェストです）。

第一が「倫理的な調達」。グローバルには2015年までに買い付けるすべてのコーヒーを責任ある方法で栽培され、倫理的に取引されたものへ。

第二が「環境面でのリーダーシップ」。2015年までにすべてのカップのリユース、リサイクルへ。また省エネ、節水、リサイクル、環境に配慮したグリーンストアの出店を進め、環境負荷の低減へ。

第三が「コミュニティへの貢献」。２０１５年までにグローバルで年間１００万時間規模のコミュニティ貢献の実施へ。

期限を設けて、具体的な目標を掲げたこの宣言は、相当な自信と同時に相応の覚悟が必要なものでしょう。

一般の企業では、これらは経営幹部間で共有する類のものですが、スターバックスは違います。これらはすべてパートナーに公開されています（それどころかＨＰにも掲載されて、誰もが見ることができます）。

つまり、パートナーすべてが実現に向けて共有し、実現すべき新たなミッションと受け取ることができます。

とくに第三の約束は、すべてのパートナーに委ねられるもの――。企業の約束実現のためにパートナーも参画できる、そんなところはいかにもスターバックスらしい提案といえます。

## 障害を持つチャレンジパートナーの採用

昨今では雇用も企業の重要な社会貢献に関わる問題として顕在化しつつあります。とりわけスターバックスがいる外食・セルフカフェ業界は、産業構造的に正社員だけでなく、パートやアルバイトを重要な戦力と位置づけています。スターバックスでは、このため雇用と人材教育について多大なコストと労力をかけ、すべてのスタッフを等しくパートナーと呼び、能力主義の待遇を擁して、感動サービスの礎を築いていると述べました。

スターバックスでは障害を持つパートナーも採用していることをご存知でしょうか？障害者雇用は2002年から始まり、法定雇用率（※2010年7月より民間企業では旧来の1・6%から1・8%に）を大きく上回る2・02%（2006年12月現在）、90名弱の障害者が働いているといいます。（HP日本人材ニュースカレラ障害者雇用の現状、スターバックスの障害者雇用より）

障害を持つ従業員はチャレンジパートナーと呼ばれ、その人事制度にはチャレンジ1〜チャレンジ6までステップが設けられているそうです。

そこでは常用雇用者になる週30時間以上の勤務ができる、レジ業務やコーヒーを淹れることができる、若干難しい業務をサポートできるなど、チャレンジのステップに応じて時給が決められます。

育成も通常の研修期間をさらに細かく分け、ピアコーチと呼ばれる指導員がていねいに指導にあたっているそうです。

接客の現場ではさすがに難しいのではないかとの疑問も湧きます。

現に店頭では、とくにパートナーとチャレンジパートナーの区別をつけていないので、コミュニケーションの苦手なチャレンジパートナーの応対に、事情を知らない、お客様からクレームをつけられるケースもあったとか。

しかし、一方でハンディキャップのあることがわかったお客様が作業に手間取っている様子を見て「ありがとう、そんなに急がなくていいよ」と声をかけてくれたこともあったようです。

この様子を見ていたストアマネージャーは、「(そのお客様が) ふだんはムスーッとしているビジネスマンでしたが、彼女 (チャレンジパートナー) の一生懸命さがお客様の優しさを引き出したんですね」『マリ・クレール・コーヒーがもっとおいしくなる話（2009年3月号・アシェット婦人画報社）』と振り返ります。

実際にチャレンジパートナーのいる現場では、皆が何とかしてあげようという気になり、現場に一体感が生まれる、わかりやすく、より明確な言葉で伝えあう必要が生じるので指導するパートナーのコーチング力が向上する、などのさまざまなプラスの波及効果が生まれたというのです。

チャレンジパートナーが一生懸命、仕事に没頭する姿に、スターバックスが掲げる仕事の原点・ピープルビジネスを改めて感じるパートナーは少なくなく、彼らを雇用している店舗から、一様に同様の反応が報告されている（HP日本人材ニュース　スターバックスジャパン～障害者雇用　現場が工夫する受け入れ体制）といいます。

障害者の雇用を支え、パートナーのスキルアップを促し、時にはお客様を優しい気持ちにさせることもある……。

そんな事実やエピソードを聞くと、チャレンジパートナーのいるスターバックスに行ってみたくなる気がしてきます。

coffee break!

part 6

# スターバックスが
# もっと好きになる
# 〝スターバックス・トリビア〟！

スターバックス
という名前でなかった
可能性もあったの？

トールラテの価格で
各国の経済力を測る
スターバックス指数をご存知ですか

眺めのいい
スターバックスがあります

スターバックスには
緑と黒以外の色の
エプロンもあります

## スターバックスという名前でなかった可能性もあったの？

今では、セルフカフェの代名詞と言っても過言ではないスターバックス。しかしその名前はすんなりと決まったわけではありませんでした。

スターバックスコーヒーの前身は、シアトルのコーヒー豆専門店・スターバックスコーヒーアンドティースパイス。

元英語教師のジェリー・ボールドウィン、作家のゴードン・バウカー。歴史教師のゼブ・シーゲルの3人が始めた店でした。

店名の第一候補は、海洋小説の傑作『白鯨』の船の名「ピークォド（peequod）」でした。しかし友人からpee（おしっこ）でquod（刑務所）の店なんてといわれ却下。

第二の候補はシアトルの近くの採掘場の名「スターボ（Starbo）」。

しかし結論が出ず、また『白鯨』に戻り、そこでピークォド号の一等航海士スターバックの名前が候補に。航海のイメージは新たに店を始める男のロマンを表現するのにぴったりの名前でした。

またスターバック航海士は荒くれ男揃いの乗組員の中でも、常識があり、冷静沈着、しかもいざというときの勇気と判断力に長けた人物像もうってつけだったのです。

もしスターバックスという名前でなかったら、「スタバ」なんて愛称も、「ピークォ」とか「スタボ」とかになっていたのかもしれません。

STARBUCKS COFFEE

## ロゴマークに描かれている女性は誰？

この女性、実は北欧の神話に登場する二つの尾を持つ人魚・サイレンなのだそうです。

これは前述のピークォド（peequod）」に反対した友人のアーティスト、テリー・ヘクラーの提案から生まれました。

美しい歌声で船乗りを誘惑し、心を奪ってしまう人魚・サイレンになぞらえて、スターバックスのコーヒーの香りでシアトルの道行く人々を魅了したいということなのでしょう。

シアトルが古くからの港町であること、スターバックスの名前に似合う海に関係するモチーフであることも後押ししました。

初代のロゴマークは、コーヒー色のカラーリングで今もシアトルのパイクプレイスマーケットにある一号店の看板として健在です。

現在のグリーンのカラーリングになったのは、シュルツ氏が1987年にスターバックスを買収してからです。

ちなみに現在のロゴは四代目。コーヒー色のカラーリングが初代と二代、グリーンのロゴも一度、少し変更されています。

このロゴマークを見ると吸い寄せられるのは、サイレンの誘惑のせい？　まさかね。

## アメリカでなぜシアトル系コーヒーが主流になっていったのでしょう

アメリカンコーヒーは和製英語で正式にはウイークコーヒー（weak coffee）といいます。

日本では薄味のコーヒー、お湯で薄めることもあると誤解している人もいたりして。

本当のアメリカンは浅煎りで軽く、苦味より酸味が残るコーヒーです。

スターバックスの創業以前、１９６０年代のアメリカでは大手コーヒーメーカーのラベルの缶に顆粒か粉末の入ったものが主流で本物のコーヒーとは程遠いものでした。

挽き立ての豆を使ってコーヒープレスでアメリカンを入れるどころか、イン

スタントコーヒーの粉に熱湯を入れ、砂糖と牛乳を混ぜて飲んでいたようです。

また一説には1975年に起きたブラジルの大霜害以降、コーヒー豆の価格が高騰し、品質の悪いコーヒー豆が横行したため、コーヒー離れが加速したともいわれています。

シアトルはイタリア系移民を初めとするヨーロッパ系の移民が多かったので、深煎りの濃いコーヒーを好む傾向がありました。そこで登場したのがコーヒー豆専門店として出発したスターバックスコーヒーアンドティースパイス（前身）でした。アメリカンとは異なる深煎りの濃い、香り高いコーヒーは評判になっていきます。

現在のシアトル系コーヒーは、その後、シュルツ氏がイタリアで味わったエスプレッソバーをヒントにアレンジしたものが原型です。

スターバックスが全米にサードプレイスとして展開し、スペシャルティコーヒーを使ったカフェラテなどが人気を博し、広まっていったようです。

## スペシャルティコーヒーは日本にはなかったのでしょうか？

スターバックスによって日本でも知られるようになったスペシャルティコーヒー。

そもそも、スペシャルティコーヒーには明確な定義がなく、

「風味が素晴らしい、特性を持つコーヒー」

といった曖昧な言い方をされてきました。

昨今では、生産国や地域、農園（主）、精製方法、品種などが特定できるトレーサビリティが高く、的確に収穫・精製・選別がなされ、価格にプレミアムがつき、コーヒーとして淹れたときに高品質が確認できるコーヒーをスペシャルティコーヒーと呼ぶようになっているのだそうです。

スペシャルティコーヒーは、以前から日本の喫茶店文化にも根を下ろしていました。

いわゆるコーヒーに一家言あるコーヒー専門店のマスターが淹れていたグルメコーヒーと呼ばれるのがそれです。

ブルーマウンテン、キリマンジャロ、パナマ、モカ……。厳選されたコーヒー豆を焙煎して淹れられたストレートコーヒーがこれにあたります。

かつては〝通《つう》〟の飲み物だったスペシャルティコーヒーがスターバックスによって気軽に飲まれるようになったというわけです。

## 日本のスターバックスで初めて注文された飲み物は「ダブルトールラテ」でした

1996年8月2日、銀座松屋の裏通りに日本初のスターバックスが開店しました。

オープン初日、レジからショップの外まで行列となるほどの盛況ぶり。行列の話題がニュースとなり、この上ない広告効果となって賑わったそうです。

初めてのお客様の注文は「ダブルトールラテ」だったとか。初めてのお客様が通常30ミリリットルのエスプレッシをダブルの量にするなんて、かなりのスターバックス通といえそう。

また真夏のオープンだっただけに、開店3日目にはナント、氷が不足する事態に……。

築地市場に慌てて問い合わせても規格に合う氷がなく、見かねた氷屋さんの粋な計らいで何とか間に合ったとか。

記念すべき第1号店ということでフローリングも本国仕様のものより、高級な特別な素材を使ったところ、連日の賑わいのお陰でコンディメントバー（ハチミツ、ガムシロップやシナモンパウダー、バニラパウダーなどを揃えてあるバー）の前が、磨り減ってしまい、開店1ヵ月で貼り替えなければいけない、うれしい誤算もあったそうです。

そんなエピソードを知ると記念すべき日本の1号店に行ってみたくなりますね。

## スターバックスには緑と黒以外の色のエプロンもあります

緑はスターバックスの代名詞でもあるグリーンエプロン。ちなみにこの深みのある緑はエコロジーにも通じていて地球環境への思いを表現しているんだそうです。

黒とは、バリスタ憧れのコーヒーマスターが着用するブラックエプロンのこと。

では、このほかにあと二色のエプロンがあるのをご存知ですか?

クリスマス限定の商品案内するスタッフが身につける赤のエプロンでしょ。

正解。

ではあと、もう一つは?

……。

実はコーヒー色の茶色のエプロンがあるのです。

見たことないよって。

それもそのはず。これは年一回行われる「コーヒーアンバサダーカップ」の勝者の証として贈られるコーヒー色に染められたエプロンなのです。

ちなみに2010年の優勝者は松本愛美さんで第9代のコーヒーアンバサダーに。

昨年に引き続いて女性が優勝。これまでにも多くの女性がその栄誉に輝いています。

## コーヒーアンバサダーカップって何?勝つとどうなる?

コーヒーアンバサダーカップとは。スターバックスが年一回行う社内のコーヒースペシャリストたちが競うコンテストのこと。

2001年、世界のスターバックスに先駆けて日本で初めて開催されました。参加できるのは、ブラックエプロンを持つコーヒーマスター。エリアコーヒーマスターズカップを経て、エリアコーヒーマスターとなって晴れて全国大会であるコーヒーアンバサダーカップに出場できます。

いずれも広範なコーヒーの知識、嗅覚、味覚、そしてカスタマーサービスなどの実技を競います。

ちなみにアンバサダーとは伝道師の意味があります。

副賞としてシアトル本社での研修もあります。

コーヒーアンバサダーとなると一年間、社内外のイベントでコーヒーを紹介したり、コーヒーアドバイザーとして全国の店舗を回ったり、など文字通り、**コーヒーの伝道師**としての活躍が求められます。

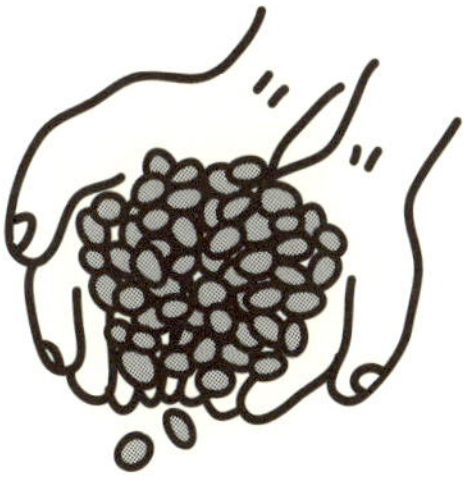

## 注文するとコーヒーカップに書かれる数字やアルファベットは何？

この数字やアルファベットは注文内容を表す「コーヒーID」といわれるものです。

上から次のような六つのチェック項目があります。

Decaf はカフェインの有無を記入します。

Shot は、エスプレッソのショット数を記入します。

Syrup はフレーバーシロップの種類。ヘーゼルナッツはH、バニラはV、アーモンドはA、キャラメルはCとなります。

Milk はミルクの種類。ノンファットはN、ローファットは2％。豆乳はSです。

Custom はカスタムオーダーの種類。ＤＲＹなら「カプチーノ、ミルクの泡多め」の意味。

Drink はドリンクの種類。カプチーノのならＣ、ラテならＬとなります。

このコーヒーＩＤが注文を受けて書かれるからこそ、複雑に見えるスターバックスのオーダーも間違えることなく注文どおりのドリンクがお客様のもとに届くというわけです。

他の人が何を飲んでいるのか、これを見てわかれば、あなたもすっかりスタバマニアですね。

## コーリング用語を知れば、カスタマイズ上級者に近づけます

コーリングとはパートナー同士で交わす決まった呼び名や言い回しのことです。

ここではカスタマイズする際に覚えておくと使えるコーリング用語をお教えします。

**【ドライ】** カプチーノの泡の状態の注文に使用。ミルクを少なくしてフォームと呼ばれる泡ミルクを多くすること。軽い飲みごこちになります。

**【ウエット】** コクのあるカプチーノを飲みたいときに使います。ドライの逆の状態です。

**【2%（ツーパーセント）】** ローファット（低脂肪）牛乳のこと。飲み口もすっきり。

**【リストレット】** 少量（2／3）で抽出するエスプレッソのこと。マイルドな味わいです。

**【エキストラホット】** 温度調節を示す言葉。持ち帰り先でちょうどいい温度にしたいときに使います。逆は「ぬるめ」で通じます。

言葉を忘れてしまっても大丈夫です。気軽にパートナーに「こんなのを飲みたいんだけど」と相談すればきっと、要望に応えてくれるはずです。

## スターバックスには
## コーヒーリキュールもあります

残念ながら、「スターバックス コーヒーリキュール」は日本のスターバックスの店舗では取り扱っていません。

輸入品を扱っているスーパーやネットショップなどで手に入れることができます。

種類は黒と白の二種類あり、黒はコーヒーリキュール。白はクリームリキュール。

バーボンで有名なジム・ビーム社がスターバックスとライセンス契約を結び、実際にスターバックスのコーヒー豆を使用し、製造・販売している逸品なのです。

コーヒーリキュールは、1990年代の後半に一度、ブランド拡大策の一環として、テスト用につくられたことがあったそうです。

ただ当時はまだ全米にも出店していなかった状態、ブランドとしては時期尚早、コーヒー以外の商品に手を広げるには行き過ぎと判断されたのでした。

しかし作られた試作品は、コーヒーリキュールのトップメーカー、あのカルーアに引けを取らない出来栄えだったと言います。

きっとそのときの試作品のレシピが活かされたのでしょう。

## 全国制覇へカウントダウン！徳島県、青森県、山形県に、スターバックスがオープン

２０１０年６月11日、徳島県に県内初のスターバックスが開店しました。同年８月27日には青森県、また10月１日には山形県でも県内初のスターバックスがオープン。これで、スターバックスは47都道府県のうち、45都道府県に出店を完了。

残すところは、鳥取県、島根県の２県となりました。

徳島県にあるスターバックスの店舗名は「徳島駅クレメントプラザ店」、駅ビルにある利便性の高いスターバックスです。店内には座りごこちよさげなラグジュアリーなソファもあって徳島の新たなサードプレイスとなりそうです。

徳島らしく壁にはモノクロームの阿波踊りの写真が展示されています。

2010年の夏はスターバックスのフラペチーノなどの冷たいビバレッジが、テイクアウトされ、阿波踊りの傍らで存在感を示していました。

## インスタントコーヒーを超えるスティックコーヒー、スターバックスヴィア

〝いつでもどこでも〟スターバックスエクスペリエンスを。

このコンセプトをもとに発売されたのが、プレミアム・スティックコーヒー、スターバックスヴィアです。

このスティックコーヒーの開発にはなんと20年以上の歳月が費やされています。

開発に携わったのは故ドン・バレンシア。アメリカでは2007年に、そして3年後の2010年に日本でも発売に到りました。残念ながらドン・バレンシアは2005年に完成を待たずに亡くなりましたが、その功績を讃え、商品名ヴィア（VIA）は彼の名前・バレンシア（Valencia）の頭文字と最後の二

文字を取って名付けられました。

　スターバックスでは発売時に店頭で店内のコーヒーとヴィアとの比較試飲キャンペーンを実施しましたが、遜色ない出来栄えに驚くお客様も多かったようです。

　夏にはヴィアアイスコーヒーも発売。コンビニで発売されているチルドカップコーヒーのスターバックスディスカバリーズとともに手軽に家で楽しめるスターバックスの商品ラインナップが揃いました。

　スターバックスが身近にない地域でも楽しんでほしいとの思いがあるようです。

# トールラテの価格で各国の経済力を測るスターバックス指数をご存知ですか

これはイギリスの経済専門誌『エコノミスト』が考案し、発表したもので、有名なのはマクドナルドのビッグマックを使ったビッグマック指数があります。

アメリカでのビッグマックの価格を100として各国がどの程度の価格かを調査し、比較。各国の物価が測れ、ドルと各国通貨が割高か割安かを比較できるというものです。

スターバックス指数では、同様にトールラテを使って比較するというわけです。

２００４年に発表されたスターバックス指数では、米国１００％に対して日本はプラス13％、ユーロ圏プラス33％、中国マイナス１％、韓国プラス６％……でした。

こんな指数が生まれるというのも、スターバックスがいかにグローバルにネットワークを広げているかという証明といえます。

同様の指数にコカコーラマップ、i-pod 指数というのもあるようです。

スターバックスはマクドナルドやコカコーラ、アップルといった名だたる企業と肩を並べつつあるのです。

## 眺めのいいスターバックスがあります

公園内にあるスターバックスがそれです。

２０１０年現在、日本には二つあります。富山県の富岩運河環水公園にある富山環水店は、２００８年に日本のスターバックスとしては公園内への初の出店として話題となった店舗です。

店内からは大きな窓越しに公園のシンボル・天門橋や水辺の空間が一望できます。

テラス席もあります

景観に溶け込んだシンプルな外観のこの店舗は、デザイン的にも優れており、全世界のスターバックスの店舗が対象となる社内のストアデザイン賞の最優秀賞に輝いたほどです。

また、2010年にできた福岡大濠公園店も眺めのいいスターバックスです。公園の景観維持と環境に配慮したこれからのスターバックスの進化形であるグリーンストアとしてさまざまな工夫（P114~116をご参照ください）がなされています。

このほか山間部のサービスエリアにも眺めのいいスターバックスもあります。

自分にとって眺めのいい〝癒される〟スターバックスを探してみるのもオススメです。

## 伝統文化と相性のいいスターバックスもあります

夏の京都の風情を楽しめるスターバックス——それが京都三条大橋店です。

鴨川べりでは毎年5月から9月にかけて木組みのやぐらを組み、鴨川納涼床が設けられます。

鴨川に接する同店も三条大橋のたもとに床を設け、コーヒーを味わいながら床遊びを楽しむことができるのです。

同じ京都の中心にある京都烏丸六角店では、地元で「六角さん」と親しまれている聖徳太子が建立したといわれる頂法寺六角堂が全面ガラス張りの店内から望めます。

これは「烏丸通りからガラス越しに見える六角堂を遮らない」という京都市

の条例をふまえてつくられているためです。

店内では京都在住の染色家による四季折々に移り変わる着物のタペストリー展示も楽しめます。

変わったところでは、文化財に指定された建物を活かしたスターバックスもあります。それが神戸北野異人館店です。

明治時代に建てられた木造二階建ての洋館の雰囲気そのままのラウンジ、ダイニングルーム、ゲストルームなどの各部屋でスターバックスのコーヒーを味わい、タイムスリップ体験ができるのです。

## ブラックエプロンのバリスタに必ず会えるスターバックスがあります

そのお店は日本で初めてできた世界初のスターバックスのコーヒー豆専門店、ホールビーンストアとカフェも併設している café &ホールビーンストアです。

ホールビーンストアは東京都・世田谷区にある玉川高島屋S・C南館地下一階に。

café &ホールビーンストアは東京都・新宿マルイ本館二階店、神奈川県横浜市青葉区のたまプラーザテラス店となっています。

そこではコーヒーの深い知識を持ち、経験豊かなコーヒーマスターであるブラックエプロンを身につけたバリスタがコーヒーのテイスティングや美味しいコーヒーの淹れ方を教えてくれます。

あなただけのオリジナルブレンドも頼めば作ってくれるとか。

東京近辺にはなかなか行けないという方もいらっしゃるでしょう。

自分のお気に入りの「マイスターバックス」や周辺のスターバックスにブラックエプロンのバリスタがいれば、いいのですが……。

## 日本のスターバックス発オリジナルの商品にはどのようなものがありますか

ビバレッジでは一号店オープン後、間もなくラズベリーとバナナを組み合わせたジュース・ダブルスクイーズが発売。その後、前にも述べた（P84〜87をご参照ください）コーヒージェリー フラペチーノ、ココナッツ フラペチーノなどが生まれています。

最近では、ほうじ茶ティーラテ、そしてこれも前述の（P88〜89をご参照ください）さくらスチーマー、さくらクリームフラペチーノ、YUZU グリーンティー フラペチーノなど日本人独特のテイストを活かした飲み物が生まれています。

フードやグッズに到っては数限りないジャパンオリジナルが……。

変わったところではポテトチップス、年賀用のギフトラッピングなんてものもあったりします。

傾向としては日本人のテイストにあった飲み物・フード、グッズでは富士山や桜など日本を意識したデザインが多いとか。

デザインとして新鮮かつエキゾチックな視点を入れてオリジナリティを追求しているようです。

## スターバックス版テディ・ベア、ベアリスタをご存知ですか

アメリカ人は熊のぬいぐるみ、テディ・ベアが大好き。贈り物にもよく購入します。

セオドア・ルーズベルト大統領が熊の狩猟にいったとき、瀕死の熊を撃たなかった――その寛大さを記したエピソードに感動したおもちゃメーカーが、熊のぬいぐるみに彼の愛称・テディをとってテディ・ベアとつけたことに由来するそうです。

以来、テディ・ベアは定番の贈り物として人気となりました。

スターバックス版のテディ・ベアがベアリスタ。これはBear（熊）とBarista（バリスタ）を組み合わせた造語です。

収集しがいのあるコレクタブルなアイテムとして日本でも人気のグッズです。

個数・期間限定品も多いので、すぐに売り切れることも多く、ネットオークションなどでも取引が盛んなのだとか。

当然、レアモノとなるとプレミアム価格のベアリスタもあるそうです。

## アートなスターバックスがあります

一つとして同じ店はないけれど、なぜかこれもスターバックスと納得できる、独自性とともに不思議と統一感のあるスターバックス。

100号店、200号店など出店の区切りとなるお店はアニバーサリーストアとも呼ばれ、**アートワーク**が掲げられています。

100号店（山王パークタワー）は田中栄子さん、200号店（立川伊勢丹店）は山本頼子さん、300号店（新大阪ニッセイビル店）には西村友里さんの作品が壁面に飾られ、アートなスターバックスとして異彩を放っています。

また銀座マロニエ店では、二階にアート展示スペースが設けられており、さまざまなアートワークを観ながらコーヒーを楽しむことができます。

# スターバックスは数々の名シーンを彩《いろど》ってきました

映画やテレビドラマに登場、印象的なシーンの演出に重要な役割をスターバックスは果たして来ました。

思いつくままに挙げてみましょう。

双璧はやはり「アリー・マイ・ラブ」と「ユー・ガット・メール」ですね。

「アリー・マイ・ラブ」は何といっても、主人公が瞳を閉じてカプチーノを味わうシーンが忘れられません。

「ユー・ガット・メール」ではスターバックスが重要なシーンで登場。スターバックスですれ違う二人の主人公、手にはいつもスターバックスのカップが……。

その他にも、スターバックスの店舗がカタキ役のアジトとして登場する「オースティンパワーズデラックス」、資本主義のシンボルとしてIBM、マイクロソフトと並んでスターバックスが登場する「ファイトクラブ」、男まさりのFBI捜査官グレイシーがFBI手帳をかざしてスターバックスの列に割りこみ、スタバマニアを思わせる独特な注文が記憶に残る「デンジャラスビューティー」、主人公アンドレアが両手いっぱいのブランド袋と一緒にスタバの袋を運ぶ姿が印象的な「プラダを着た悪魔」などたくさんの映画にも登場。

新しいところではスターバックスで人生を救われた64歳の元エリートの実話を描き話題を呼んだ『ラテに感謝!』がトム・ハンクス主演で映画化が進んでいるそうです。

## 店頭に置かれたチョークボードは誰が描いているのですか

手書きの文字やイラストでそのお店のオススメドリンクやフードが、時には温かく、時にはかわいらしく描かれるチョークボード（黒板）のことをスターバックスではデイリー・オファリングと呼んでいます。

これは各店舗でパートナーが担当しているのだそうです。中にはプロ顔負けのイラストもあったりします。それぞれ独特の味わいがあって毎日これを楽しみに来店する人もいるとか……。

毎日、知恵とセンスを絞って描いているんだろうと思わせる力作揃いです。注文に迷ったら「店頭のボードに描かれている○○○を」なんて頼むと喜ばれるかもしれません。いろいろなスターバックスの「デイリー・オファリング」をチェックしてみると面白そうですね。

■スターバックスコーヒー・小史

1971年　ワシントン州シアトルの市場、パイク・プレイス・マーケットにスターバックスコーヒー1号店オープン

1985年　ハワード・シュルツ氏がコーヒーチェーン、イル・ジョルナーレ社を設立。スターバックスコーヒーの豆を使ったコーヒーとエスプレッソドリンクを販売。

1987年　イル・ジョルナーレ社が地元の投資家たちの支援を受け、スターバックスコーヒー社の資産を買収。社名をスターバックス社に改める

1995年　スターバックスコーヒーインターナショナルと株式会社サザビー（現在のサザビーリーグ）がスターバックスコーヒージャパンを設立

1996年　カナダ、アメリカで店舗数が1000店を超える

8月　東京・銀座の松屋裏に日本1号店オープン

1998年11月　大阪に関西地区1号店「梅田HEP FIVE店」オープン

1997年11月　キャラメルマキアート発売開始

2001年　日本における100号店「山王パークタワー店」を東京・赤坂にオープン

2001年　日本における200店目を東京・立川の伊勢丹にオープン

5月　コーヒー豆と抽出器具の販売に特化した専門店スターバックスホールビーンストア1号店「小田急ハルク店」を東京・新宿にオープン

2001年10月　300店目「新大阪ニッセイビル店」（大阪・淀川区）

2002年　世界での店舗数が5000店を超える

3月　人気メニュー「抹茶クリームフラペチーノ」販売開始

2005年　世界での店舗数10000店超えを達成
2006年3月　日本600店目「イオンナゴヤドーム前店」オープン（名古屋市東区）
10月　高速道路のサービスエリアに初出店となる2店を同時オープン。「足柄サービスエリア（上り線）店」（静岡県御殿場）、「蓮田サービスエリア（上り線）店」（埼玉県蓮田市）
2007年　700店目を「イオン高の原店」（京都府木津川市）をオープン
2008年4月　日本オリジナルのフラペチーノ「コーヒージェリーフラペチーノ」発売
9月　初の公園内店舗「富山環水公園店」を出店（富山県富山市）
2009年2月　900店目「岡崎竜美店」（愛知県岡崎市）オープン
4月　ブラックエプロンバリスタが本格的なコーヒーを提供する「新宿マルイ本館2階店」（東京都新宿区）をオープン
11月　店内にて無線LANサービス開始
2010年　日本オリジナルドリンク「さくらスチーマー」「さくらクリームフラペチーノ」新登場
4月　スティックコーヒー「スターバックスヴィアコーヒーエッセンス」発売
4月　毎月19日、20日、21日の3日間を「フェアートレードコーヒーの日」として、スターバックスフェアトレード認証コーヒー「カフェエスティマブレンド」をドリップコーヒーとして提供
4月　環境への負担低減をめざしたエコ店舗「福岡大濠公園店」を福岡市にオープン
（2010年に青森県と山形県に、2013年に島根県、2015年に鳥取県にも出店を果たし、全国47都道府県を制覇。2025年3月末現在、日本の店舗数は2011店舗に）

～スターバックスコーヒージャパンの公式ホームページを元に作成～

## ★参考文献・資料

『スターバックス成功物語』ハワード・シュルツ、ドリー・ジョーンズ・ヤング著　小幡照雄、大川修二訳（日経BP社）
『スターバックスを世界一にするために守り続けてきた大切な原則』ハワード・ビーハー、ジャネット・ゴールドシュタイン著　関美和訳（日本経済新聞出版社）
『スターバックス5つの成功法則と「グリーンエプロンブック」の精神』ジョゼフ・ミケーリ著　月沢李歌子訳（ブックマン社）
『スターバックスコーヒー　豆と、人と、心と。』ジョン・シモンズ著　小林愛訳（ソフトバンクパブリッシング）
『スターバックスに学べ！』ジョン・ムーア著　花塚恵訳（ディスカバー）
『なぜみんなスターバックスに行きたがるのか？』スコット・ベドベリ著　土屋京子訳（講談社）
『スターバックス　成功の法則と失敗から得たもの』テイラー・クラーク著　高橋則明訳（二見書房）
『スターバックスマニアックス』小石原はるか著（小学館文庫）
『日本カフェ興亡記』高井尚之著（日本経済新聞出版社）
『一緒に働きたくなる人」の育て方』見舘好隆著（プレジデント社）
『スタバではグランデを買え！』吉本佳生著（ダイヤモンド社）
『「紫の牛」を売れ！』セス・ゴーディン著　門田美鈴訳（ダイヤモンド社）
『ラテに感謝！』マイケル・ゲイツ・ギル著　月沢李歌子訳（ダイヤモンド社）
『TITLE 8月号 スターバックスの魅力完全解剖！誰も知らないスターバックスの「秘密」』

２００１年8月号（文藝春秋）
『STARBUCKS A to Z』２００２年4月（ぴあ）
『スターバックス大解剖　スターバックスのすっごい真実、教えます。』（枻出版社）
『マリ・クレール』２００８年12月号、２００９年9月号（アシェット婦人画報社）
『エスクァイヤ』２００７年1月号、２００７年5月号、２００８年5月号（エスクァイヤマガジンジャパン）
『キミがこの本を買ったわけ』指南役著（扶桑社）
『空気のトリセツ』指南役著（ポプラ社）
『だれかに話したくなる小さな会社』浜口隆則、村尾隆介著（かんき出版）
『ＤＩＭＥ』第77回ＵＮＤＯＮＣＯＮ勝ち組商品のヒット開発列伝　２００９年7月21日号
『BIG tomorrow』気になる値段のカラクリ【スターバックスの秘密】２００８年 December
スターバックスコーヒージャパン公式ホームページ
日本人材ニュースホームページ
日本人材ニュースカレラホームページ
ウォーカープラスホームページ

**荒田 雅之（あらた・まさゆき）**
1962年生まれ。埼玉県出身。立教大学文学部教育学科卒。教育系出版社、編集・広告制作会社を経て2002年に独立し、フリーランスライターに。日経ビジネス、プレジデント、プレジデント50PLUS、dancyu、東京新聞などで執筆活動を展開。得意分野はビジネス、教育、食文化、住宅、ライフスタイルなど。近年では人物ルポルタージュを中心に若年Jリーガーのセカンドキャリア、団塊世代の定年後のライフスタイル、終末期医療など多岐にわたる取材活動を展開している。

**スターバックスの感動《かんどう》サービスの秘密《ひみつ》**

2010年 8月23日 初版発行
2025年 11月 4日 3刷発行

著 者 荒《あら》 田《た》 雅《まさ》 之《ゆき》
発行者 和 田 智 明
発行所 株式会社 ぱる出版

〒160-0011 東京都新宿区若葉1-9-16
03(3353)2835 ― 代表
03(3353)2826 ― FAX
印刷・製本 中央精版印刷(株)
本書籍に関するお問い合わせ、ご連絡は下記にて承ります。
https://www.pal-pub.jp/contact



ISBN978-4-8272-0581-7 C0034